不是你犯小人，而是你太想當好人

「ひとりで頑張る自分」を休ませる本

不要讓當好人成為你的壞習慣
成為你的壞習慣

大嶋信賴——著
日本知名心理諮商師、暢銷作家

賴郁婷——譯

前言

你想選擇沒有回報的人生嗎？

有個女子因為「無法與人深交」而前來尋求諮商。

她表示，公司裡同期的人都已經一個個往上爬了，只有自己還一直在原地踏步，遲遲無法獲得升遷。

平時如果看到同事需要幫忙，她總是會主動伸出援手，但結果卻是「不僅沒有得到對方的感激，連功勞也全被搶走」。

就算自己手上還有工作，但只要身邊的人拜託，她都會因為無法推辭而答應，只好擱下自己的工作，優先處理對方拜託的事情。

她如此犧牲自己來為大家付出，卻發現大家都先下班回家了，只剩下她一個人還在加班。這讓她開始覺得自己在公司裡逐漸被孤立。

她不懂，為什麼大家聚餐時，總是沒有找她，獨留她一個人在公司繼續工作。就連私底下的生活也是如此，她總是不斷地為男友付出，卻換來對方冷淡的對待，甚至是不高興。

明明付出這麼多，卻遭到這般對待，連她自己都覺得難以置信。在其他人面前總是笑臉迎人的男友，只要跟她在一起，就會面無表情，臉上毫無笑容，態度也愈來愈疏遠。

到最後，雙方漸行漸遠。

她向朋友抒發自己難過的心情，對方告訴她：「那是因為妳根本就是個『濫好人』！以後不要再對別人那麼好了！」

所以，她決心不再當好人。然而，在工作上，一旦看到同事有困難，她又覺得自己非幫忙不可，於是忍不住伸出援手，一切又回到原本的狀態。

「好人」當久了，不是造成自己吃虧，就是受到和他人不同的對待，甚至是

被討厭。

但是，如果不當「好人」，又怕大家會離自己而去，只好繼續當下去。

雖然他自認為是「擔心不當『好人』會被大家討厭，只好繼續當下去」，但其實根本是出自本能地瞬間變成「好人」，自己完全無法控制。

即便他下定決心不再當「好人」，但只要對方稍微一個反應或態度，自己馬上又會扮演起「好人」的角色，才會完全不知如何是好。

不過，由於這麼做既不會傷害到任何人，也沒有什麼不對，他就不以為意地繼續當「好人」。

當「好人」，的確會為人際關係和自己的人生，都帶來「損失」。

即使這樣，「好人」還是認為「反正不會造成他人的困擾，有什麼關係」。

文中一開始提到的女子，過去曾打算靠自己的意志，改掉當「好人」的習慣，但始終辦不到。

她接受我的心理諮商後，終於在不知不覺間擺脫當「好人」的命運。

之後，她發現**公司的氣氛變得不一樣了，同事之間開始互相幫忙、合作，工作效率變得比以前更好。**

而且，原本男友冷淡的態度讓她相當難過，沒想到現在自己只要稍微任性、耍點小脾氣，對方反而會主動低頭示好。

男友的溫柔轉變，讓她簡直難以置信：「以前自己當『好人』、付出那麼多的時候，根本不敢相信會有這種事！」

就連**朋友關係也是如此，自從她放棄當「好人」之後，那些為她帶來負面情緒的人，一個個從身邊消失。現在的她也結交了真正交心的朋友。**

這時，她才體會到原來過去自己一直想當「好人」，反而害得自己交不到真心的朋友。

她之所以能體會到這一點，全都是因為現在的自己，身心已經完全自由，懂得享受一切。

假使她選擇繼續當「好人」呢？

毫無疑問地，她肯定還在繼續犧牲自己來為同事做事，為討厭自己的男友掏心掏肺地付出，為那些給自己帶來負面情緒的朋友努力。

各位讀到這裡，或許也發現自己符合以上的情況：只在意他人，以至於累壞了自己，無法為自己而活。

這本書，就是為這樣的人而寫的。

各位也害怕被討厭嗎？

覺得自己必須為他人做點什麼才行，否則會焦慮不安？

其實這些都只是你自以為的錯覺罷了。

就算不這麼做，你也是個值得被愛的人。

但就算我這麼說，還是有人認為：「不可能！怎麼可以不替他人著想呢？」

不過，我相信只要讀完這本書，各位一定可以瞭解我為什麼這麼說。

上述提到的那位一直當「好人」的女子，後來很開心地表示，自從自己不再當好人之後，所有事情都變得順利多了。

雖然她之前一直無法成功改掉當「好人」的習慣，不過在瞭解其中的因果關係，掌握一點小技巧之後，現在的她，已經可以大聲地說：「我再也不想當『好人』了！」

她變得愈來愈自在，連身邊的人也找到更自由的人生。

我希望正在翻閱本書的各位，也能和她一樣，體會到輕鬆活出自己的人生樂趣。

大嶋信賴

目次

第2章
啟動「開心・不開心」的開關

第3章

擺脫阻礙自我肯定的「全能感」

第4章 擺脫過去囚禁自己的「罪惡感」

第5章

把自己當成「世界的中心」

第6章 不再害怕「被討厭」

第1章

愈想當「好人」，愈容易惹人厭

造成人際煩惱的「恆定性」

造成人際關係不順利的原因有很多。

其中最重要的，就是所謂的「恆定性」。

「恆定性」指的是「恢復平衡的力量」，這是人與生俱來的特性之一。

例如，**充滿朝氣的時候，為了平靜高漲的心情，心中會產生一股鬱悶的負面情緒，以達到平衡狀態。這種心理的作用，就是「恆定性」。**

舉例來說，前一晚大家開心喝酒嗨翻天，隔天早上就會覺得整個人非常不舒服，後悔不該玩得那麼瘋。這就是因為身體正藉由「不舒服」的感覺，中和過度高漲的「開心」情緒。

各位在開心的時候，是不是也會突然感到不安，擔心萬一接下來發生什麼掃興的事該怎麼辦？

這也是因為大腦「恢復平衡」的恆定性發揮作用的緣故。

反過來說也一樣。在沮喪一段時間之後，心情會再度恢復原本的狀態。這也是因為保持恆定性的功能發揮作用所致。

很多人都不知道，其實人際關係中也存在著恆定性的作用。

過去我曾經好奇於「人體荷爾蒙對於壓力的作用」，於是針對壓力荷爾蒙研究了一番。

人之所以會因為被按喇叭而被激怒，就是因為聽到喇叭聲時，人體的壓力荷爾蒙會在瞬間急速攀升。**在分泌了壓力荷爾蒙之後，身體和情緒就會進入備戰狀態，以因應接下來跟對方吵架，或是反過來隨時逃離現場的情況。**

也就是說，當一個人因壓力荷爾蒙分泌而變得焦躁時，心跳會加快，準備隨時迎戰，或是繃緊肌肉拔腿逃跑。

不過，每個人的狀況不同，有時會無法在緊急時刻瞬間分泌壓力荷爾蒙（或者只能少量分泌）。有這種情況的人，事後通常會感到後悔，例如：「那時候我應該好好罵回去的！」最後導致「怒氣無法獲得平復」。

有一次，一對夫妻前來尋求諮商，因為「先生個性易怒，經常一發不可收拾」。先生在接受諮商時，態度就像流氓一樣，看得一旁的太太忍不住提醒他：「我說你呀，在別人面前也稍微節制一下吧！」

於是，我讓這位先生做了壓力刺激檢查。結果發現，他在受到壓力時，身體不會分泌壓力荷爾蒙。

相反的，太太只要一感受到壓力，壓力荷爾蒙就會分泌。所以，我只針對先生做了治療，讓他的身體可以確實分泌壓力荷爾蒙。

幾個月後，這對夫妻再度前來接受諮商。但這一回，兩人的角色卻變得完全相反！

太太滿口粗話，態度吊兒郎當。一旁的先生卻坐得直挺挺的，有問必答，完全變成了「好人」。

我再次幫兩人檢測壓力荷爾蒙，意外發現他們的情況竟然完全顛倒了！

原本當「好人」的太太，變得完全無法分泌壓力荷爾蒙。反倒是先生在受到壓力刺激時，會確實分泌壓力荷爾蒙。

這讓我深刻體認到，人際關係中果真也存在著恆定性。

我也曾經在其他親子關係上，得到相同的結論。

孩子變成「好人」，反應正常；倒是媽媽面對壓力時，反應變得很奇怪。

由此可知，**不只是在體內的荷爾蒙平衡上，就連在人際關係中，也會發生「恆定性」的作用**。

因此，在你當「好人」，替身邊的人著想時，對方就會反過來濫用你的真心，以取得關係的平衡。

只要你繼續當「好人」，對方只會愈來愈惡劣，讓你在人際關係中受挫，不知如何是好。

前述提到的那對夫妻，原本太太是「好人」，對先生不斷地溫柔付出。結果，先生漸漸變成「靠老婆吃飯、沒用的男人」。後來，當先生開始振作，想努力養家，當個「好人」時，太太卻變得好吃懶做，不做家事。

只要其中一方為了對方當「好人」，另一方就會變成扯後腿的「壞人」，以達到關係的平衡。

所以，只要你繼續當「好人」，身邊的人很自然地會基於取得平衡的前提下，對你做出一切「壞事」，使得你的人際關係受挫並因此感到痛苦。

自己變成「好人」，對方就會變成「壞人」

「好人」總是以為「對方應該也很瞭解我」。

例如，當「好人」的太太看到先生亂丟東西，會主動幫忙收拾，而且認為「他應該會很高興我幫他收好了」。她以為先生應該也知道，自己這麼做是為了要讓他高興。

不過，先生下班回家後，卻突然大發雷霆地大罵：「妳把我的東西收到哪裡去了？」這個出乎意料的反應，著實讓太太嚇了一跳，為此大受打擊，難過對方竟然不懂自己的心意。

另一方面，**先生卻是把太太的行為解讀為：「為了懲罰我亂丟，故意把東西**

藏起來。」

「好人」沒有確實傳達自己的用意，誤以為就像有句話說「心靈相通」一樣，「對方應該知道」，最後才會難過，不懂為什麼對方不瞭解自己的用心，還當起「壞人」，把它當成了惡意。

由於人際關係也會因為「恆定性」作用而保持平衡，對方多少會知道你的心意。

只不過，**就算對方瞭解你的好意，但在「恆定性」作用的影響之下，對方自然而然會變成「壞人」，以「惡意」來看待你的行為。**

但你卻一心以為只要自己出於好意，對方應該就會瞭解。

結果就是導致對方的反應「完全出乎預料」，讓你深受打擊。

曾經有一個人因為覺得同事如果可以更注意儀容，給客人的印象會更好，因此好心提醒對方。沒想到，對方卻氣得質問他：「你的意思是說我很邋遢嗎？」

從此再也不理他。

這是因為他在提出建言時，誤以為「對方應該知道我是因為想幫他才這麼說」。他認為對方從自己平常的態度就應該知道，自己完全沒有否定對方的意思。

實際上的互動卻受到「恆定性」作用的影響，一旦自己當「好人」，對方就會變成將關係回歸平衡的「壞人」角色，以「他在否定我」的態度，來看待「好人」的行為，使「好人」感到難過又受挫。

親子之間也會出現「恆定性」作用，一旦有一方扮演「好人」，事情最後一定會朝著與「我們是一家人，對方應該瞭解我的用心」完全相反的方向演變。

舉例來說，面對有財務困難的孩子，「好人（爸媽）」會主動給予金援，希望孩子可以度過難關，重新站起來。

然而，孩子卻當起「壞人」，完全感受不到「好人（爸媽）」的善意，反而認為父母之所以這麼做，是把自己當成沒用的人，而這一切全都是父母造成的，所以他們拿錢出來是應該的。

於是，孩子把錢拿來亂花，非但沒有重新振作，反而變得更好吃懶做，讓「好人（爸媽）」感到傷心，覺得孩子背叛了自己的心意。

「好人」會用正面的態度去解釋對方的行為，用善意看待所有事情，所以抱持著「就像我瞭解對方一樣，對方應該也會瞭解我的心意」的心態。

但問題是，在你當「好人」的時候，對方為了維持關係的平衡，自然而然會成為立場與你相對的人，讓你以為他不懂你的心意。

你愈是當「好人」，對方雖然明白你的心意，卻無法坦然接受，因此採取違逆的態度，讓當好人的你受傷、難過。

也就是說，這種「對方應該知道我的好意」、「對方應該也瞭解我」等自以為是的想法，就是造成你在人際關係上受挫、難過的主因。

一想到「對方瞭解我的心意」，人就會更進一步扮演「好人」的角色。

這是基於「人性本善」的想法。

換句話說，就是以為既然自己是「好人」，對方也會是「好人」，瞭解自己的好意。

如果是一對一的情況，這種「人性本善」的說法，或許還有可能成立。不過，一旦涉及到眾人，追求平衡的「恆定性」便會發揮作用，導致對方的反應完全出乎預料，給「好人」帶來傷害和痛苦。

「好意」失敗的原因

人際關係會受到「恆定性」作用的影響，為了平衡「好人」的行為，另一方就會扮演起「壞人」的角色。

「好人」不瞭解這個道理，所以會感到憤怒，覺得自己都已經付出那麼多，對方卻完全不懂自己的用心。

「好人」會開始對於受到自己的好意，卻完全不想跟自己一樣當「好人」的對方感到氣憤，並表現在態度上，或是真的責怪對方。

到最後，「好人」忍不住怒氣暴發，直指對方：「為什麼你都不懂我的用心！」「為什麼你連這麼簡單的事情都做不到！」

雖然在怒氣暴發的那一刻，自己已經不再是「好人」，他卻**因為堅信「自己這麼做是為了對方好」，完全無法控制蠻橫的態度，只想要改變對方。**

有個人因為擔心不遵照規定丟垃圾的鄰居會被大家討厭，於是好心提醒對方。沒想到對方卻惱羞成怒。對於對方的這番態度，她更進一步提醒對方：「妳這樣是沒有辦法融入大家的喔！」

原本她只是為了讓對方知道與鄰居相處的重要性，才好心提醒，沒想到對方的態度愈來愈沒禮貌，激起了她的怒火，最後她忍不住飆罵對方：「妳給我差不多一點！」

結果，其他鄰居反而要她「別欺負新搬來的人」，讓她簡直難以置信。

明明自己是為了幫助對方融入大家才好心提醒的，結果被誤當成是在「欺負對方」。非但如此，閒言閒語開始四處流傳，讓她這個「好人」變成了「蠻橫之人」，她只能暗自自怨自艾。

假使自己扮演「好人」的角色，在「恆定性」的作用之下，對方就會變成「壞人」而「感受不到你的好意」。

自己愈「為對方著想」而去當「好人」，對方也會相對地愈變愈壞，逼得「好人」無法變得更好，最後演變成怒罵。

當「好人」的太太在家對待先生也是如此，因為擔心「先生如果一直把想法憋在心裡不說出來，恐怕容易遭人誤解」，要求先生多表達自己的意見。

不過，由於太太當「好人」，先生自然成為相反的角色，因此要太太別管。這種態度引起當「好人」的太太暴怒，覺得自己出自好意，先生卻毫不領情，於是也回嗆先生：「你就是這樣才會被看不起！」

當「好人」的太太，原本是覺得「先生只要多表達意見，在公司裡一定可以受到肯定」，才出言建議。沒想到，最後竟然演變成她指責先生，導致先生愈來愈「不聽勸」，彼此的關係出現裂痕。

再加上先生的態度也不好，導致當「好人」的太太在憤怒之下口出惡言，傷了兩人的感情。

當「好人」的太太認為自己是為了先生好才這麼說，一點兒也不覺得自己「態度蠻橫」。

她反而認為「無法坦然接受好意的先生才是不對」。

因此，先生愈抗拒接受，太太就愈生氣，到最後傷了彼此的關係。

這種現象，從親子關係來看或許最容易瞭解。

當「好人」的父母擔心孩子無法融入社會，總是會提醒孩子看到人一定要打招呼。

不過，受到親子關係中「恆定性」作用的影響，孩子「完全沒聽進去」。

當「好人」的父母擔心再這樣下去，孩子的將來肯定令人擔憂，於是氣得大罵孩子為什麼不聽爸媽說的話。

父母愈是當「好人」，做孩子的就被迫要扮演「壞人」的角色，因此對父母表現出反抗的態度。

面對孩子的反抗，當「好人」的父母更加怒不可遏，卻只注意到孩子的態度，沒有意識到自己的專橫。

等到發現時，親子關係已經決裂到無法修復的地步了。

自以為「可以改變對方」的全能感

在夫妻關係中，只要有一方當「好人」，關係就會出現裂痕。

一般都認為，既然有人當「好人」，夫妻關係一定很美滿。不過，事實上完全相反，反而會導致關係惡化。

太太愈是當「好人」，先生就會受到人際關係中「恆定性」作用的影響，變成「沒用的人」，使太太感到壓力。

然而，大腦在壓力不斷累積之下，最後會產生全能感，告訴自己：「我一定要想辦法改變對方！」

而且這種情況不僅限於夫妻關係。

全能感是一種「我什麼都知道，而且有能力改變一切」的感覺。

一般人隨著年紀增長，會漸漸瞭解現實「並非如此」。但是，一旦大腦中累積過多的壓力，就會導致人變得像小孩子一樣充滿了全能感，以為「自己可以改變對方」。

然而，當你自信滿滿地試圖改變對方，對方卻毫無改變，就會造成大腦中的壓力愈來愈大，進而又使全能感不斷膨脹，變得想要直接控制對方。

當你愈想控制對方，最後只會得到反效果，給大腦帶來更多壓力。當這些壓力在瞬間爆發時，你就會展露出「攻擊性格」而開始攻擊對方，例如：「你怎麼這麼沒用！」

如果是先生扮演「好人」的角色，太太就會在「恆定性」作用的影響下，不得已成為「好吃懶做的太太」。

這時候，當「好人」的先生在壓力不斷累積之下，會產生「我一定要想辦法改變她」的全能感。

先生在全能感作祟之下，想盡辦法試圖改變太太，卻造成太太的情況愈來愈嚴重。最後，先生的壓力爆發，開始展現攻擊性。

這時，**他並不會使用辱罵等直接式攻擊，而是採取「被動式攻擊」**。也就是「不做事」或「把對方當空氣」等行為。例如：

「太太要求三件事，其中一項沒做到。」

「對太太過說的話轉頭就忘。」

「總是故意唱反調。」

太太受到這種被動式攻擊，也會開始產生壓力，對原本應該當「好人」的先生漸漸感到有壓力。就算她氣到忍不住對先生發怒，內心也會覺得「是自己太自私」而感到自責。

這種自責的心理，會造成太太無法排解對先生的怒氣。憤怒將不斷吞噬太太的身心，最後導致身心被擊垮。

在外人看來，都認為先生是個「好人」，不會做出被動式攻擊。於是，太太受到身邊的指責：「都是你不好。」使得她怒氣加重，身心進一步受到吞噬，到最後變得「完全無法行動」。

另一個案例是，太太當「好人」，先生受到「恆定性」作用的影響，變得「肆無忌憚」，成了一個「口出惡言的人」。

先生帶來的壓力，使得太太產生全能感，認為「只有我可以接受他、瞭解他」。

只不過，太太愈是扮演「好人」，先生只會變得更肆無忌憚、蠻橫不講理，造成太太的壓力過度累積，最後引發「攻擊性格」，開始做出被動式攻擊。

她故意做錯事，或是在重要的場合中不給先生留面子等，不斷做出激怒先生的行為。

但由於這是壓力爆發之下所展現的攻擊性格，她完全沒有自覺這其實是「故意」的。

有時候，她甚至「不小心」激怒先生，使先生「變得更蠻橫」，成為人際關係有問題的人。就算大家都要她離開先生，但是在大腦壓力帶來的全能感之下，她會認為「先生沒有我會活不下去」。

在一般人眼中，這些「好太太」或「好先生」，不可能攻擊另一半。

大家都會認為，一定是另一半的錯。但實際上，是扮演「好人」的一方在壓力累積之下，不斷傷害對方，最後壓力爆發，做出攻擊對方的行為。

不過，好人對這些行為完全沒有自覺，只是始終不懂：「為什麼我要跟這種人在一起？」他認為這是自己遇到的問題，繼續用同樣的方式破壞彼此的關係。

孩子會模仿父母當「好人」的習慣

在職場上或生活中受到大家尊敬的父母，他們的孩子會出現很大的問題。

簡單來說，父母在外面一直扮演「好人」，為他人著想，勢必會累積不少壓力。這時候，孩子就會變成帶著壓力回家的父母排解壓力的出口。

如果凡事只顧慮自己「開心・不開心」，就不會有壓力。

然而，**一旦顧慮到他人「開心・不開心」，就會忽略自己的「開心・不開心」，因此產生壓力。**

在大腦的壓力不斷累積之下，會促使人產生「我什麼都知道」的全能感，而且對於不依照自己的想法採取行動的人，也會感到有壓力，最後壓力爆發，引發攻擊性格而開始攻擊對方。這就是背後的因果關係。

假使這種現象出現在親子關係中，雖然父母不會直接教訓或責罵孩子，卻會透過「無視孩子」、「不關心孩子」等一般父母不會出現的「被動式攻擊」行為，對孩子造成心理創傷。

導致孩子承受長期的心理創傷而走偏了。

另一種情況是，父母愈是當「好人」，在「恆定性」維持平衡的作用下，會促使孩子變成「沒用的小孩」。

這是家庭關係中的「恆定性」現象，孩子並非刻意想變得「沒用」，比較像是自然而然就變成這樣。

但是在一般人的眼中，都會認為這是孩子的問題。

當「好人」的父母受到這種看法的影響，會產生「我得想辦法救救孩子」的全能感，試圖要改變孩子。

父母愈這麼想，「恆定性」就會促使孩子往反方向去做，造成父母的壓力，最後壓力爆發，直接傷害孩子，例如責罵孩子：「你給我差不多一點！」或是透過「被動式攻擊」造成孩子的心理創傷，使得親子關係惡化。

有個醫生在地方上相當受人尊敬。有一天，醫生的兒子突然開始拒絕上學。醫生的太太原本是護理師，個性非常體貼，於是投入全部心力照料兒子的生活起居。在母親無微不至的照顧下，這個孩子漸漸變得無法踏出家門，整天守在電腦前足不出戶，就這樣持續了好幾年。

後來，母親因為照顧兒子而累倒，於是換父親接手，投入全部心力照顧兒子。然而，孩子的狀況日益嚴重，最後變得害怕和人接觸，甚至無法對話。

於是，夫妻倆決定不再對兒子當「好人」。就在他們打算停下診所的工作，帶兒子出國旅行時，原本足不出戶的兒子開始走出戶外了。當患者之間開始耳語過去一向細心問診的醫生，如今怎麼變得心不在焉、態度敷衍時，他們的兒子終於踏出家門打工，找到自己的出路。

對孩子來說，在學校聽到大家「羨慕」自己的父親，反而會帶來痛苦。**在「恆定性」作用的影響下，自己被迫背負著與「好父母」完全相反的形象，感受到的只有痛苦。**

然而，父母和孩子本身完全沒有意識到這些情況，彼此都不斷承受著壓力，生活在痛苦之中。

有個女孩的母親是個熱心公益的人，受到許多人的尊敬和感謝。父親則是知名學校的老師，無論是學生或過去的畢業生，都認為他是個值得敬仰的好老師。

但女孩從小功課就不好，受到大家的霸凌。一開始，她還會勉強自己去上學，後來則是完全抗拒，再也不去學校了。很明顯的，她是受到「恆定性」作用的影響，表現出平衡父母形象的行為。

女孩的父母基於「為孩子好」，所以認真面對工作，以做公益的身教，為孩子示範無私付出的精神。

然而，在「恆定性」的作用之下，孩子只會變成跟父母完全相反的形象。**等到父母得知自己所承受的壓力影響到孩子，導致孩子拒絕和外界接觸之後，才意識到自己不能再繼續當好人。**

從這些案例可以知道，當「好人」實在是個棘手的問題，不僅會影響到與同事或朋友之間的關係，有時候也會讓夫妻或親子關係陷入複雜的困境中。

第2章

啟動「開心・不開心」的開關

你的「開心・不開心」開關有在運作嗎？

明明處處替人著想，卻感覺只有自己被孤立……相信很多人都有為此煩惱的經驗。

「大家都相處得很好，只有自己被孤立，讓我覺得自己似乎被排擠了？」

「我已經這麼處處替人著想了，為什麼還是打不進大家的圈子裡？」

於是感到非常痛苦。

其實這跟你是否依循「開心・不開心」的生物本能感覺來行動，有很大的關係。

「做開心的事」、「不做不開心的事」，這樣就不會有壓力。

在團體中也是一樣，能夠聽從自己「開心・不開心」的感覺而融入群體的人，就能毫無壓力地「和大家一起同樂」。

「好人」因為處處顧慮身邊的人，沒辦法依循自己「開心・不開心」的感覺來決定該怎麼做。

這會讓他們不斷感受到壓力，覺得「大家都很開心，自己卻壓力好大」，認為只有自己吃虧。

再加上「好人」不像其他人一樣，是以自己的「開心・不開心」來行動，就算跟大家一起歡笑，也只是在「假笑」，不是發自內心「開心」的笑容。

這會讓人覺得「很做作」，被當成是「只會做表面工夫，虛假的人」，因此「被孤立」。

有個人在上才藝課時，想加入大家討論藝人八卦的話題，可是自己才一開口，大家的討論便立刻停止，進行不下去，讓他不知該如何反應。

他擔心是自己說錯話，但不管再怎麼想，自己只不過是配合大家的討論發言，並沒有做錯什麼。

不僅如此，平時大家雖然會關心他、跟他聊天，但漸漸地他總是落單，甚至有時候大家下課後一起去聚餐，唯獨沒有邀請他，讓他備感孤立。

他覺得很難過，不懂為什麼自己處處替人著想，卻總是被排擠在外。

他也懷疑是不是自己說話的態度有問題，或是聊天的方式不對，試著改變自己。但愈是配合對方，周遭的氣氛就變得愈尷尬，經常冷場。

這都是因為只顧著當「好人」，配合他人的「開心・不開心」來行動所致。

除非你坦然順從自己「開心・不開心」的感受來加入大家的話題，否則只會讓人覺得做作，給人留下「格格不入」的印象，最後變得疏離而孤立。

這就像一群女高中生在聊天，突然一個上了年紀的大叔說「我懂、我懂」地加入話題，一付故作瞭解的樣子，只會讓人覺得噁心、不舒服。

如果是發自真心的瞭解，女高中生自然會認同「這個大叔跟我們是同一國的」。不過，如果只是「為了討好女高中生」而這麼做，當然會讓人覺得「噁心」。因為你的舉動是否出自真心，對方完全看得出來。

當你想要打入大家的話題時，**只要順應自己「開心・不開心」的感受，在「開心」時做出反應，「不開心」時就保持沉默。**

這樣一來，大家就會把你當成自己人，你也不會再有「被疏離、孤立」的情況了。

不過，這對「好人」來說非常困難，因為他們總是會不由自主地配合他人的「開心・不開心」來反應。

一旦「好人」因此感到被孤立，為了不被排擠，更「無法不繼續當好人」。

當「好人」在為他人著想時，多少都會感覺被孤立，但同時也會有歸屬感，覺得自己是團體的一分子。正因為如此，他才會擔心如果真的不再替人著想，自己會變得沒有朋友。一想到這裡，他只能被迫繼續當好人。

然而，**這都是因為自己「開心・不開心」的開關，反應變得遲頓罷了。**

由於一直以來，自己的「開心・不開心」開關都不曾啟動，或許要花一點時間才能掌握技巧，懂得如何順從自己的感受來行動。不過，一旦學會之後，你一定會很感動，瞭解到「原來這就是大家的感覺」。

不斷然拒絕，對方不會知道你「開心・不開心」

有一個人經常買東西送給同事，或是主動協助其他人的工作，即便自己根本不需要這麼做。

他如此處處替人著想，大家卻比較喜歡我行我素、不在意他人的另一位同事。這讓他相當沮喪，覺得自己的付出完全沒有得到回報。

漸漸地，他心生怨懟：「我這麼用心，為什麼不像那個人一樣受到歡迎，沒有人把我放在眼裡？」最後他甚至覺得自己無法繼續待在這種討人厭的公司，萌生辭職的念頭。

有一次，他向主管提到自己想轉換跑道，原本以為主管會說「要是你離開了，我會很困擾」而慰留他，沒想到主管只是淡淡回應了一句：「是喔。」於是，他最後真的遞出辭呈，不想繼續在那種主管底下工作。

以這種情況來說，多數人都會依據自己「開心・不開心」的感受來行動。

但是，「好人」卻是揣測對方的「開心・不開心」，以此來決定自己的行為，例如：「我這麼做，他會不會開心？」「這麼做可以幫到他嗎？」等。但是從對方的角度來說，由於完全不知道「好人」的「開心・不開心」狀態，很可能「不把他當成夥伴來看待」。

如果你沒有「開心・不開心」的反應，就會變得像一部機器。沒有人會因為影印機依照指示列印出正確的張數而心存感激。

因為他就算對影印機表達感激，影印機也不會做出「開心」的反應。

「好人」的情況就是這樣，由於總是顧慮對方的「開心・不開心」，就算受到對方的感激，也不會表現發自真心的「開心」。

於是，他漸漸被視為跟機器一樣，到最後，大家只會覺得「他做這些都是應該的」。

其他人就算完全不做事，也能受人感激。唯獨「好人」即便做再多，也完全沒被大家放在心上，得不到任何感謝和回報。

如果你平常從不表現出自己的「開心・不開心」，當你受人之託，但心裡不願意時，即便做出「不開心」的反應，例如：「這對我來說有點……」對方也不會懂。

假使你顧慮到：「萬一我拒絕了，對方不知道會有什麼反應？」擔心對方「不高興」，反而更無法表達自己的「不開心」，最後落得不得不接受。

接下工作以後，即便自己「不開心」，你還是努力完成了。但是你的這番用心，對方完全不會瞭解，只會像對待影印機一樣，認為「這是你應該做的」。

就算你對這樣的對待表達不滿，但因為你一直以來都被視為沒有「開心・不開心」反應的存在，對方不會瞭解你的不滿，只有你自己在生氣。

即便你一開始就拒絕，對方也不會知道你「不開心」。這會讓你心生怨懟，最後變得「做不下去」。

就算你努力去做，對方也不知道你「不開心」，所以完全無法瞭解你的努力，只會覺得「你做好是應該的」。

於是，「好人」得不到任何人的瞭解，也得不到真心的感謝，就這樣愈來愈心力交瘁，充滿負債感。

如果「好人」想要擺脫心裡的負債感，只要「別做不開心的事」就行了。

完全不去考慮「萬一拒絕了，對方不知道會怎麼想？」，只要自己覺得「不開心」，就果斷地說「不」。漸漸地，你會發現自己愈來愈瞭解自己的感受。

過去的你因為一味地在意他人的感受，忽略了自己的「開心」感受。一旦你實際體會到這種「開心」之後，自然會知道哪些事情是自己想嘗試的，而且你實際做了之後，反而會讓大家對你完全改觀。

不僅如此，你覺得「不開心」而拒絕時，對方也會坦然接受。當你逼不得已接下委託時，也能得到對方真心的感謝和回報。一切變得和過去截然不同，這時你就能明白，原來人生可以這麼輕鬆而美好。

覺得「不開心」就「拒絕」，你會愈來愈瞭解自己的感受。

顧慮他人的感受、一心只在意他人的「開心・不開心」，這對動物而言是一件「不開心」的事。

一直做這種不開心的事，會導致你對自我感受變得無感而無從判斷，無法像其他人一樣靠「開心・不開心」生存，而是會覺得「自己不被當成人對待」，心裡充滿負債感。

若要避免這種情況，首先就是下定決心：「不做自己不開心的事！」果斷地拒絕不想做的事。等到你在大家眼中慢慢從機器恢復成人類之後，自然就可以像大家一樣過著輕鬆又美好的人生。

把重心放在對方身上，會導致「開心・不開心」的開關故障

有個人每天下班回家後，心裡還是一直惦記著公司裡煩人的事，煩惱到一整晚無法入眠。

「我是不是對那個人管太多了？」

「早知道我就不那麼做了。」

「我是不是被對方討厭了？」

他總是這樣不斷自我反省，愈想愈煩。

煩躁到極點時，他便藉由狂吃洋芋片來轉換心情。

或是整晚掛在網路上看影片，逃避心中的煩悶。

就算他想早點睡，但各種煩惱一直占據心頭，根本睡不著。隔天，他只好帶著沒睡飽的精神，勉強上班。

到了公司以後，他又開始忙著顧慮同事的感受，繼續增加煩惱。

他感覺大家都很自在，只有自己感到痛苦，怎麼也跳脫不了煩惱的泥沼。

像他這種在意周遭人的心情，等於是活在他人的「開心・不開心」當中。

這種時候就會出現**「基本歸因謬誤」**（Fundamental attribution error）的現象。

人原本都是根據自我「開心・不開心」的感受來行動，而這個感受只有自己清楚。

因此，第三者所做的推測，就會出現「根本性的錯誤」。

例如，自己在說話時，突然有人打哈欠。對方可能只是單純想睡覺，但自己卻以為「他覺得我說的話很無聊」，為了這個錯誤的原因而感到煩惱。

或者把對方皺眉頭的表現，誤以為是「對方不滿意我的工作表現，才會擺出那種表情」。但其實對方只是因為「肚子痛」而表情扭曲。

這些誤解，就會導致你出現「我都已經這麼努力了，為什麼還會遭受這種對待！」的念頭。

對方的「開心・不開心」，只有對方最清楚。你擅自推測認定，只會發生「誤解」而徒增煩惱。

然而，「好人」即便「誤解」了，仍然堅信「自己很瞭解對方的感受」，才會拿錯誤的原因來庸人自擾，試圖用自己的方法去化解對方不開心的心情。

但由於「好人」一開始就搞錯根本原因，就算施以對策，對方的反應只會變得更奇怪。

「好人」面對對方一再出現不如預期的反應，就會更進一步揣想錯誤的原因，最後煩惱到一整夜無法入眠。

像這種因為在意他人的感受而感到痛苦的人，應該要做的是認知到「自己不

可能瞭解他人的感受」，要停止顧慮他人。

就算對方面露不悅，你也要告訴自己：「我並不清楚他是不是不高興。」別再擅自決定他人的感受。

「好人」連自己「開心・不開心」都不清楚了，怎麼可能瞭解他人「開心・不開心」的感受呢？

比起他人的感受，更重要的是把焦點放在自己「開心・不開心」的感受上。

當你一心只在意他人的感受時，總會把事情想得太複雜。但只要你把焦點放在自己的感受上，漸漸就會知道，自己根本不必考慮那麼多。久了之後，你原有的諸多煩惱都會慢慢消失，可以把時間花在自己身上，做更有效的運用。

以前，你一直浪費太多時間在摸索，不斷在錯誤中嘗試排解煩惱。當這些煩惱全都消失後，你就可以把時間用在自己真正想做的事情上了。

你再也不會捲入人際煩惱當中，能夠體會從煩惱中解脫的自由人生。

你會感到壓力，是因為配合他人的「開心・不開心」

配合他人，會給自己帶來壓力。

「好人」因為隨時隨地在意他人的感受，就會不斷給自己累積壓力，並漸漸累積在大腦中。

當大腦中累積太多壓力時，就會產生全能感，覺得自己什麼都知道、什麼都辦得到。

全能感愈強烈，就愈覺得自己瞭解對方的心情，擅自揣測對方的感受，進而造成誤解，給自己帶來煩惱。

為此煩惱而產生的壓力，又繼續累積在大腦中……就這樣陷入惡性循環中。

因為扮演「好人」而為大腦帶來壓力時，還會引發另一個有趣的作用。

舉例來說，各位出門在外時，是否會「經常發生狀況」呢？

人有個特性，只要身旁有緊張的人，自己也會變得緊張。

當然也有人不受影響，但對於會受到影響的人來說，「光是待在緊張的人旁邊，感覺自己也跟著緊張了起來」。

這都是因為鏡像神經元（mirror neuron）這種會模仿他人大腦的腦細胞，發揮作用的緣故。

以「好人」來說，通常會忽略自己「開心・不開心」的感受，根據他人的感受來行動。

這會造成大腦不斷累積壓力。

但因為他是「好人」，自然不會表現出憤怒，也無法察覺這件事。

實際上，大腦中已經累積了一定的壓力。在壓力的影響之下，就會促進人做出奇怪的行為，進而吸引了奇怪的人。

當我們待在沒有壓力的人身邊時，通常不會受到他的影響。但只要一接近累積了許多壓力的「好人」時，我們在不自覺間就會受到其壓力的影響，變得莫名煩躁。

而且，「好人」充滿壓力的大腦，會吸引同樣累積壓力的人，使得身邊圍繞著會給他帶來煩惱的人。

受到這些人的影響，導致「好人」的大腦累積更多壓力，陷入惡性循環中。「好人」總是容易在電車上或餐廳裡被陌生人纏上，或是惹上麻煩，全都是因為大腦中累積了太多壓力所致。

一旦被人纏上，「好人」又會開始推測：「為什麼對方要糾纏我？」做出錯誤的判斷，給自己帶來更多煩惱，繼續使大腦累積更多壓力，導致外出時不斷遭遇同樣的情況。

如果你可以試著順從自己「開心・不開心」的感受來行動，不去考慮他人的感受，就會發現倒楣事漸漸不再找上門了。

不做不開心的事；有「開心」的事，就去做。

這麼一來，大腦就不會累積壓力，也不會再吸引帶著壓力的人靠近你。

用這種方法面對生活，慢慢地你會開始愛上外出。

「好人」不懂得善用貼心

「好人」會站在對方的立場和感受來思考，進而做出判斷。

基於「換作是我，應該會覺得很困擾」的想法而主動伸出援手。這就是「好人」。

所謂的貼心，指的是「打從心底相信對方的能力，並且能夠給予守護」。

以孩子跑步跌倒為例。

如果是「好人」，這時候會站在孩子的立場，猜想：「一定很痛！」「在大家面前跌倒，肯定覺得很丟臉！」覺得自己必須有所行動才行。

於是，「好人」急忙上前扶起孩子，問他：「你還好嗎？痛不痛？」

不過，換作「貼心的人」，他看到孩子跌倒時，會先確認狀況，相信「這孩子可以自己站起來」而靜靜守護在一旁，等孩子站起來之後，再給孩子一個緊緊的擁抱。

一般人或許都認為「好人」很貼心。

不過，「好人」的行為有時反而會「剝奪對方開心・不開心的感受」。

小孩子跌倒時，會先感到「不開心」，接著再感受到「靠自己站起來」所帶來的「開心」，慢慢地建立了跟大家一樣的感受。

接下來，孩子會開始懂得追求「跌倒會讓人不開心，所以跑步時不要跌倒」所帶來的「開心」。

然而，「好人」卻揣測對方的感受而主動伸出援手，使得孩子無法切身體會到「因跌倒而不開心」的感受，**連帶導致孩子對於「跑步時不要跌倒是一件開心的事」的感受被剝奪了。**

於是，下一次孩子再跌倒時，就變得只會坐在地上哭著，等別人過來扶他。

因為他已經不會靠自己選擇「開心」了。

「好人」會隨時留意他人「開心・不開心」的感受來行動，對於孩子無法選擇「開心」這件事本身，並不知道其嚴重性。

一旦無法靠自己選擇「開心・不開心」，人會愈來愈不瞭解自己的感受。

這麼一來，就只能依賴他人的感受，並受此牽制而漸漸失去自信，變得更需要依賴他人的感受，最後導致無法活出自己的人生。

相反的，如果活在自己「開心・不開心」的感受之下，就算遇到需要幫助的人，也能「貼心」地守護在一旁。

因為自己就是透過「開心・不開心」的感受，體會到跌倒帶來的不開心，所以重新站起來，學會開心地跑步，因此打從心底相信，眼前的孩子同樣也能靠自己站起來。

這種「貼心」之所以沒有半點猶豫，是因為「開心・不開心」的選擇相當單純而簡單。自己很輕易就能做出選擇，所以相信對方也一定做得到。

接下來，孩子透過鏡像神經元模仿他人大腦的作用，會開始模仿相信自己的對方的大腦，從跌倒中站起來，感受到靠自己的力量奔跑的「快樂」。

「好人」因為站在對方的立場設想，做出錯誤的解讀，很難「單純地相信對方」。對方感受到「好人」的這種態度，也會對自己的能力愈來愈沒有信心。

所謂「貼心」，是懂得選擇自己「開心・不開心」的人，相信對方也具備同樣的能力。

當「好人」開始能夠選擇自己的「開心・不開心」，在面對人際關係時，就能輕鬆做到透過展現「貼心」，感受到與對方之間的團結感。

擺脫父母「開心・不開心」的感受

長年來，我經由諮商看過許許多多的「好人」。

這些人身上最常見的傾向是，小時候都曾目睹「母親受到不公平的對待」，包括被小姑欺負、在丈夫的暴力下過著悲慘的生活，或是為了養家糊口而過勞工作等。

這會讓孩子出自本能地產生危機感，以為「媽媽這麼辛苦，如果她就這麼走了，自己也活不下去」。

因此，只要面對辛苦的母親，孩子總是會「站在媽媽的立場去思考」。

就算孩子這麼做，母親也不會變得輕鬆，而當孩子看到母親更「不開心」，

例如「變得焦躁」、「變得更辛苦」等，就更無法不替母親著想。

假使「好人」的母親最後能夠得到幸福，孩子就不需要再繼續當「好人」。不過，萬一孩子看到的一直都是痛苦而不幸福的母親，內心就永遠都會覺得「我一定要幫她」。

甚至每當看到不幸或焦慮的人，他就會把對方跟母親的形象重疊，產生「我一定要幫他」的想法，不由自主地當起「好人」來。

小時候那股「如果不救媽媽，自己說不定也會跟著死掉」的恐懼，以及「自己沒有能力拯救媽媽（使媽媽得到幸福）」的罪惡感，都使得這個孩子無法不繼續當「好人」。對他來說，當「好人」不是出於勉強，而是以非生即死的倖存者身分，扮演著「好人」的角色。

孩子原本應當是在母親的守護下成長。

但是對「好人」來說，由於「自己必須保護媽媽」的念頭從小就根深柢固，因此會以母親「開心・不開心」的感受為重點，忽略了自己的「開心・不開心」。

這會造成大腦累積過多的壓力。

當大腦中累積了一定的壓力之後，會讓他產生強烈的全能感，認為自己什麼都知道，深信自己瞭解母親的心情，必須把母親從辛苦之中拯救出來。

最後隨著失敗，再度給他的大腦帶來更大的壓力，連帶更強化了全能感，而陷入惡性循環中。

比起失敗，「好人」更無法忍受不去嘗試的焦躁感。

「好人」之所以覺得「自己必須為媽媽做些什麼」，其實是因為無法從母親的身上得到「愛」，以為只要自己當「好人」，說不定就能受到母親的疼愛。他基於這種想法，才會凡事都以母親的感受為考量去努力。

只不過，不管他再怎麼努力，還是沒有得到母親「愛」的回報。

得不到愛的壓力累積在大腦中，導致全能感的產生。

他誤以為「只要自己變得更好，或許就能得到媽媽的許多愛」，開始處處顧慮母親的感受。最後，他愈得不到母親的「愛」，幻想就變得更堅定，擺脫不了當「好人」的念頭。

若要從這種「愛」的幻想中跳脫，必須解除大腦的壓力，避免全能感的產生。各位不妨可以把焦點放在自己「開心・不開心」的感受上，抱著豁出去的決心，斷然拒絕不開心的事。

一旦大腦中累積了壓力時，你就很難知道自己想做什麼。

只要你懂得拒絕「不開心」的事，大腦的壓力就能獲得解除，你逐漸就會發現自己想做的事。

當大腦不再有壓力後，全能感也會隨之消失。

這時候，你就能把母親單純當成一個女性來看待，認清「她是個沒有愛的人」的現實。

瞭解到「她跟我一樣都只是缺乏愛的人」。

一旦你從「全能感」中解脫，就能看清楚對方真正的內在，自然就沒有必要繼續當「好人」。

因為大家都是一樣的。

當你擺脫了「必須當好人，才會被愛」的迷思，開始面對自己「開心．不開心」的感受之後，就會知道「大家就跟自己一樣」。

這時候，你再也不會跟過去一樣，在團體中感覺被孤立了。

一旦你想到「大家就跟自己一樣」，漸漸就能放心和大家相處，感受到過去不論怎麼努力也無法體會到的「歸屬感」，同時自由地活出自我。

愈活出自我，你就愈能感受到被愛的喜悅，一步一步褪去「好人」的身分，展現真實的自己。

幸福就是「以自我為中心」

說到「以自我為中心」，或許大家的印象都是「旁若無人」、「自私」、「不在乎他人的感受」等。

事實上，自我中心的人會順從自己「開心・不開心」的感受，來採取行動。

很多人都誤會這是為了個人利益而利用他人的利己主義。

其實，「以自我為中心的人生原則」，是懂得順從自己「開心・不開心」的感受，選擇「開心」的事情去做時，自然而然就能夠與身邊的人建立雙贏的關係。

在你選擇「開心」而帶來「自己的幸福」之後，自然會成為「大家的幸福」。

當自己因為選擇「開心」而愈來愈幸福，身邊的人也會跟著一步一步變得更幸福，形成一個正向的循環。

這是追求他人的幸福時，體會不到的感覺。

當「好人」一味地追求旁人的幸福，不僅自己愈來愈不開心，身邊的人也不會得到幸福。雖然你明白這個道理，卻還是無法控制自己不這麼做，這一切都是因為對「愛」的幻想。

大腦在壓力之下會產生全能感，而當你想得到「愛」卻得不到時，又會造成壓力增加，因此會在全能感的驅使下繼續追求對「愛」的幻想。

唯有你以自我為中心，順從自己「開心・不開心」的感受生活，才有辦法從這種全能感中獲得解脫。

到這時，你才能體會到真正的「歸屬感」，傳遞自己的開心，使大家一起得到幸福。

這就是自我中心的人能受到大家歡迎的原因。

相反的，如果你只是一味地追求他人的幸福，就會引發錯誤的解讀，造成自己愈來愈痛苦、疲憊不堪，最後「離幸福愈來愈遠」。

沒有人想靠近不幸福的人，因此你自然變得「不受歡迎」。

「好人」只是一種暗示。

「好人」的說法，本身就帶有「站在對方的感受去行動」的暗示。實際上，無論你再怎麼扮演「好人」，也得不到回報，只會讓自己陷入幻想的世界中。

如果可以拋開「好人」的迷思，從「好人」的暗示中跳脫，就能夠順從自己「開心・不開心」的感受來生活。語言真的很不可思議。

舉例來說，有個人從小父母就常對他說：「你是個好人！」

每當聽到父母這麼說，他就覺得自己一定不能當「好人」。只不過，他愈是這麼想，愈無法改掉當「好人」的習慣，無法不去顧慮他人的感受。

因為「好人」這個說法本身就帶有暗示的意味。

父母在孩子大腦裡輸入「好人」的暗示，說不定是為了自己好，才刻意這麼說。或許到頭來，這一切都是為了等到孩子長大之後，雖然嘴上會抱怨，但還是願意當「好人」來照顧父母。

另外，父母也會因為當「好人」而顧慮到孩子的感受，無法選擇自己的「開心・不開心」，導致產生扭曲的愛。

與其放棄不再當「好人」，不如藉由選擇自己的「開心・不開心」，漸漸擺脫長年背負的「好人」迷思，重獲自由的人生。

第3章

擺脫阻礙自我肯定的「全能感」

責怪沒當「好人」的自己

每次老師認真上完課後，問學生「有沒有什麼問題？」時，臺下總是會一片沉默。

通常在這種時候，有人會因為覺得「得問點什麼才行」，於是舉手問了不相干的問題。

老師雖然嘴上沒說，但臉上的表情卻寫滿了「怎麼會問這種問題啊？」身邊的同學也因為想早點下課而紛紛翻白眼。

主動當「好人」去提問，結果卻被大家討厭。

於是，這個人當下堅定地告訴自己：「以後再也不當『好人』了！」然而，

過沒多久，他還是又主動當起「好人」。

他覺得「都沒有人要做，只好自己來」而主動舉手。

遇到有人需要幫忙時，他覺得「只有自己會幫他」，於是主動伸出援手。

「好人」之所以像這樣，認為自己非做點什麼才行，全都是因為他們覺得「除了自己以外，沒有別人」。

反過來說，就是他們認為其他人都不像自己是個「好人」。

面對大家一片沉默、無人提問的情況，「好人」覺得「只有我懂老師的心情」；看到難過的人，也會覺得「只有我懂對方的感受」。

會主動當「好人」的人，可能都覺得「大家不像我是個『好人』」。

如果自己不當「好人」，課堂最終就會在無人發問的沉默中結束；沒有其他人會注意到那個難過的人，而放任他獨自悲傷。

既然如此，自己就主動當「好人」。

對「好人」來說，假使當下不當「好人」，通常事後都會感到罪惡感。例如：

「為什麼那時候我沒有舉手發問？」

「為什麼我沒有在那個人需要幫忙的時候幫他？」

最容易瞭解的例子是，在電車上，眼前站了一位上年紀的婦人。正當自己還在猶豫「如果我讓座，感覺好像認為她是老人，這樣會不會沒禮貌？」時，一旁的人早已經先起身讓座了。

這時候，**「好人」就會自責：「為什麼我剛剛不馬上讓座？」**之後，每當他想起這件事，心裡就不好受，後悔當初的作法，於是決定以後一定要馬上讓座，搶先當「好人」。

「好人」假使不主動當「好人」，事後一定會後悔，不停地自責。

由於不想面對這種自責，所以他才主動當「好人」。

就算上課發問會招來同學的白眼，也比不上事後的自責來得痛苦，所以他才決定當「好人」。

即便認真傾聽他人的煩惱而沒有得到任何回報，但比起這種可憐的感受，自責的心情更令人痛苦，所以他才會主動當「好人」。

「可憐」是需要多留意的關鍵字

「好人」並不是無時無刻都是「好人」。

通常是因為某個觸發，他才變成「好人」，覺得不做點什麼就渾身不對勁。

所謂的「觸發」，就是覺得對方「可憐」。

一旦他產生這種想法，就會當「好人」。

舉例來說，假設主管私下批評某個同事：「那傢伙什麼事都做不好！」

這時候，非常清楚同事很努力的「好人」會覺得：「他好可憐，主管都沒有看到他的努力。」觸發了「可憐」的關鍵字。

於是他主動在主管面前替同事辯護：「他其實很拚的！請好好正視他的努

力！」

主管聽完後，反而更生氣，對同事的印象變得更不好：「難道你不知道比起其他人，那傢伙根本毫無能力嗎？」

不過，「好人」卻因為覺得同事「可憐」，於是含淚向主管解釋：「他真的很努力！」甚至「好人」當到底，說出「只要他能受到肯定，要我做什麼都行！」這種話。

「好人」就像電影導演一樣，在同事努力的身影中發現故事。

接下來，「好人」會擅自編出一套「同事的努力沒受到惡官般的主管所肯定」的「可憐」戲碼，決心當「好人」，認為自己得為同事做些什麼才行。

即便事實上同事真的沒有工作能力，也沒做好主管所交辦的事情，但「好人」完全看不見這一切，因為他眼中只有自己編的劇本。

有人看到自己的母親穿著破舊，臉上脂粉未施，便認為母親生活拮据，過得很辛苦，觸發了「可憐」的關鍵字，於是當起「好人」，拿出自己的積蓄給母親。

後來，他發現母親把拿到的錢，暗地裡全部給了自己那個沒有工作、整天遊手好閒的兄弟，使他大受打擊，不諒解母親為什麼要這麼做。

他就像個電影導演一樣，在心裡編出一套「媽媽生活拮据，過得很辛苦」的劇本。憑著這套「媽媽一直過得很辛苦，都沒有人照顧她」等完全不是事實的劇情，一心認定「媽媽很可憐」。

事實上，她根本是一個好管閒事、喜歡隨便把錢給別人的母親。要說「可憐」，或許確實很可憐，但這與當事者認為的「可憐」並不相同。

一旦扮演起「好人」，無論他看到誰，都會擅自在心裡為對方編出一套故事，然後因為故事中的「可憐」劇情而伸出援手。

假使他沒有對對方產生移情作用，就編不出「可憐」的故事，自然就不會覺得必須為對方當「好人」。

相對的，他與對方的關係也不會太密切。

不過，這樣的人才是可靠而值得信賴的人。跟這種人在一起，才真的能獲益良多。

但「好人」卻完全不把這種有助於自己的人當一回事，只會對「需要幫助的人」和「痛苦的人」產生移情作用而伸出援手，導致最後身邊只剩下抱著問題、需要幫忙的人。

「好人」就這樣被沒用的人所牽連，一步步走上他人眼中的不幸人生。

對旁人來說，會認為他們不過是因為想當『好人』，才會老是發現需要幫助的人。

旁人誤以為他們不過是想展現自己更高尚，才會幫助可憐的人。

甚至有些「不需要幫助的人」，也會因為自己被「好人」忽視而產生扭曲的想法，覺得自己不被「好人」放在眼裡。

然而，事實並非如此。「好人」無法阻止自己過度解讀他人的表情和外觀，從中擅自為對方編寫劇本，並在「可憐」的觸發下扮演「好人」的角色。

只要當「好人」，就永遠不會肯定自我

小時候，我下定決心：「絕對不要顧慮他人的感受！」不過，一到學校後，我還是不知不覺觸發了「可憐」的念頭而當起「好人」。

我每天不斷上演著為不需要的對象當「好人」，害得自己受到霸凌而難過。

當「好人」並不好受，我不想再處處顧慮他人的感受。只不過想歸想，一旦與人相處，我還是會忍不住觸發「可憐」的念頭而當起「好人」。

我一直覺得自己是個沒用的人，成天擔心被他人討厭，才會動不動就當起「好人」來。

後來我發現，我確實不想被他人討厭，但走在路上遇到需要幫忙的人而產生

「可憐」的念頭，這種心態和「沒用」或「不想被討厭」，應該沒有什麼關係。與其說自己「沒用」，其實是覺得「必須對需要幫忙的人做點什麼」，所以說起來，自己其實是個「勇敢」的人。

這麼說來，該不會這只是因為自己平時什麼都做不好，一點用也沒有，才試圖想沉浸在幫助他人的優越感當中呢？

其實，「好人」不擅長接受他人的感謝，只要聽到別人對自己說「謝謝」，就會覺得不好意思而臉紅，根本談不上什麼優越感。

這種感覺反而比較接近**「因為自己是個沒用的人，所以更要當好人，多少幫他人一點忙」**。

習慣當「好人」的人，無論再怎麼會念書，拿到再好的文憑，自我肯定感都很低，所以覺得自己是個沒用的人。

就算他工作能力再好，受到公司的重用，一旦自我肯定感過低，就會打從心底對自己產生「無用感」，無關謙虛地認定「自己是個沒用的人」。

就算他受到肯定、獲得加薪，由於自我肯定感過低，他只會覺得「大家都不瞭解真正的自己」，認為自己不配受人讚美，也不配拿高薪。

也就是說，**一般人會想像「完成工作後會更肯定自己」、「獲得加薪就能提高自我肯定感」等情境，不過對「好人」來說，這完全只是幻想，過低的自我肯定感很難因為這些事而提高。**

所以，很難說「好人」是為了提高自我肯定感，才主動當「好人」。

當「好人」的那一瞬間，自我肯定感絕對不低。

因為**覺得對方「可憐」的這種念頭，本身就意味著「自己比對方好」的心態。**

只不過，他在結束為對方當「好人」之後，隨即會後悔「早知道就別多管閒事！」「為什麼我不能做得更好？」，恢復原本自我肯定感過低的狀態。

有時，「好人」也會想透過當「好人」來提高自我肯定感，不過這背後通常存在著其他因素。

那就是，因為他們小時候的自我肯定感都很低。「好人」在小時候都曾經經歷過「可憐」的情況。

在那個時候，沒有人真心瞭解他們的感受，對他們伸出援手。

「好人」就這樣很可憐地被忽視，導致自我肯定感降低，覺得自己絲毫不重要、是個沒用的人。

這種人長大以後，會在需要幫助的人身上，看到過去「可憐」的自己，於是伸手想幫助過去的自己。

他之所以在每個人身上都能找到「可憐」的故事，是因為自己過去曾經不被瞭解。

所以當他看到需要幫助的人時，很自然地會替對方套上「可憐」的戲碼。

「好人」之所以在許多人身上看到過去的自己，一切都是為了「想拯救過去的自己」。

只不過，即便他再怎麼努力幫助他人，都救不了過去的自己。就算這樣，「好人」也已經改不了當「好人」的習慣了。

「好人」想拯救的是「過去的自己」

當「好人」和善待他人時，雖然當下會得到滿足，但緊接而來的是後悔和擔心，搞不好還會引發憤怒的感覺。

遇到有人問路時，「好人」會耐心地告訴對方怎麼走，甚至會擔心對方聽不懂，非要親自帶路才肯罷休。

因為如果他只是告訴對方怎麼走，事後一定會後悔：「哎呀！應該親自幫對方帶路才對，為什麼我沒有這麼做呢？」

但如果他親自帶路到目的地，對方只是簡單說一句「謝謝」就離開，「好人」又會覺得：「自己是不是太雞婆了？」

他會擔心著「說不定對方根本沒有想要我帶路」，事後還一直把這件事放在心上。

為什麼他當完「好人」之後，非但沒有開心，反而感到後悔呢？

這是因為他當了「好人」卻沒有得到自己想要的結果，因此產生了壓力。

至於什麼是他「想要的結果」，很多人可能會覺得是受到對方的鄭重道謝，或是感激在心。

或許有部分是如此也說不定，不過事實上，「好人」想要的結果，是「能幫上小時候的自己」。

「好人」透過伸出援手，希望可以拯救過去的自己，卻對自己的行為完全沒有自覺，也不會意識到這麼做是「為了拯救過去可憐的自己」。

雖然他沒有自覺，但隨著自己不斷為別人當「好人」，而「過去可憐的自己」仍沒得到任何人的幫助，完全被大家遺忘，他就會產生「為什麼都沒有人幫我！」

的憤怒。

「好人」不明白這股感受就是「憤怒」。

於是他輕易地將此解釋為「擔心」或「後悔」，告訴自己「早知道就不要雞婆」、「早知道就好人當到底，幫對方帶路」。

同時，他為了這股擔心和後悔而不斷自責，連帶產生更多的怒氣。

原本他已經對「為什麼都沒有人要幫可憐的我」而感到生氣，如今又因為自責，進一步引發另一股「為什麼要苛責可憐的我」的憤怒。

「好人」沒有意識到自己的這股怒氣，所以無法排解，就這樣漸漸累積在大腦中。當累積了一定的怒氣之後，會造成神經活動過度活絡，使得原本受大腦控制的各種感受，變得更敏感。

這些敏感的感受會導致人產生錯覺，例如：「我瞭解別人不瞭解的事」、「我可以做到別人辦不到的事」、「我看得見別人看不到的未來」。

這種「別人辦不到的事，我辦得到、我瞭解、我懂」的感受，並不是自我肯

定感，而是全能感。

就某種意義上來說，「好人」出自本能地產生全能感，才會導致他出現「自己宛如上帝」的錯覺，深信著：「我一定要做些什麼才行！」

或許各位會覺得，不可能有這種誇張的錯覺。但事實上，**覺得自己必須為他人的感受或不幸負起責任的心態，例如：「都是因為我，他才會那麼難過」、「都是我，害他發生那種事」等，其實就是全能感。**

在電車上與某位女乘客四目交接，下一秒對方立刻別過頭去，於是覺得「自己可能害對方感到不舒服了」。這也是全能感在作祟。

雖然「好人」會把這種念頭視為自責或罪惡感，但事實上它並不是。

這其實是來自於「自己必須掌控一切」的全能感。

不要控制全能感

「好人」根本沒想過自己會有全能感。

他之所以會處處在意周遭人的感受，就是因為認為「自己必須瞭解周遭人的感受」。

如果他能懂得「對方有什麼感受是他自己的事，沒有人可以控制」的道理，就會知道不管誰有什麼感受都與自己無關。

然而，「好人」卻對他人的感受特別敏感，例如：「在意他人心情不好」、「注意到他人的沮喪」等。

於是他變得焦躁，引發了「我得為對方做點什麼才行」的全能感。

更進一步來說，認為自己「瞭解他人的感受」這一點，就已經大錯特錯了。

「好人」覺得自己可以根據對方的表情、動作及說話和語調，精準地掌握對方的感受。

這種「自己可以精準掌握對方感受」的想法，就是出自全能感的幻想。

「好人」光憑表面就判定對方的感受，而且深信不疑。這一點正說明了全能感的存在。

如果他讓大腦冷靜下來，就會知道連自己都沒辦法控制自己的感受，也無法掌握了，更遑論是他人的感受。

假使他不是過度解讀他人的感受，或是全能感作祟，一定不會擅自斷定他人的感受，例如：「他一定是在生氣！」

「好人」聽到前述這番話，或許會覺得沮喪，沒想到自己竟然一直以來都會錯意，自以為是地擅自斷定他人的感受。

他可能會覺得自己過去待人的親切和善意被全盤否定，而感到憤怒。

這種「受到責怪」、「被否定」的感覺本身，就是出自「都沒有人幫我」的壓力之下而變得敏感的大腦，所引發的全能感。

全能感是大腦中累積了壓力之後所產生的一種感覺，無法靠意志力控制。

就連此刻「只有自己被全能感牽著鼻子走，實在太沒用了」的感覺本身，也是累積了壓力的大腦，所製造出來的幻想。

如果你可以跳脫這種想法，冷靜地觀察周遭，就會發現其實大家都被全能感所控制，不是只有自己而已。

你也會明白，全能感是來自有壓力的大腦，自然是不受控制的。

「都沒有人幫我」，也就表示「一切只能靠自己」。

全能感是「沒有人伸出援手」的孩子，為了生存而激發出來的一種本能。

甚至可以說，多虧了全能感，這孩子才有辦法生存到現在，一路努力地熬過沒有人幫忙的孤獨。

只不過，這種本能一旦擴及到自己以外的他人身上，就會導致自己扮演「好人」的角色。

愈是當「好人」，就愈覺得「都沒有人瞭解我，也沒有人真心願意幫我」，因而引發更強烈的全能感，更無法擺脫當「好人」，從此陷入惡性循環中。

面對全能感，只要「接受它」就行了

「好人」之所以會產生全能感，是因為大腦中累積了壓力所致。

若要避免，方法就是不給大腦帶來壓力。也就是說，只要做到「不自責、不反省」就行了。

但是，「好人」反而會苛責「不自責、不反省」的自己，並試圖想控制自己，結果就會造成壓力。

所以，這時候你就要告訴自己：「要接受全能感。」

前文中也有提到，人具備「恆定性」，會追求一切事物的「平衡狀態」。

就像正面思考時，為了維持平衡，一定會出現負面的想法。

「好人」愈扮演「好人」的角色，受到「恆定性」作用的影響，就會引發全能感來「維持平衡」。

愈是謙虛地當「好人」，其背後一定存在著維持平衡的全能感。

如果你努力想抵制傲慢的全能感，就會帶來更大的謙虛。然而，在「恆定性」的作用下，你的全能感在不知不覺間也會變得愈來愈強烈。

面對這種情況時，你可以試著告訴自己「要接受全能感」。一旦你認為傲慢的心態就是「平衡」，全能感自然不會再繼續變得更強大。

有個女子在與朋友聊天的過程中，得知對方在工作上並不順遂。她為朋友的努力感到不捨。依照過去的作法，她一定會開始想自己可以為對方做什麼，主動提供建議，甚至在能力範圍內主動幫忙。

不過，就像前文提到的，「可憐」這種想法本身，就是出自全能感。

女子清楚這個道理，知道自己不能有「可憐」的念頭，也不能伸出援手，只能靜靜地聽對方傾吐。這讓她感到相當痛苦。

她感受到朋友發出的求助訊息，對於擺出拒絕態度的自己，感覺就像是「壞人」。這時，她在心裡對著感到焦躁、覺得必須為對方做點什麼的自己說：「要接受全能感。」

這麼想之後，她原本的焦躁感頓時消失，變得可以冷靜地面對朋友的傾訴。

在這之前，她其實完全沒有心思聽朋友傾訴，只是不停地在想：「這是在向我求救嗎？我該怎麼回應？」

不過，當她告訴自己要接受全能感之後，開始聽懂對方的問題，也看清楚事實，知道自己沒有非幫忙不可的必要。

她發現，過去在當「好人」的時候，由於全能感作祟，導致她沒有認清朋友其實跟自己一樣，都有自己的感受。

當自己「接受全能感」、跳脫其中之後，她才明白，對方跟自己一樣都是人，自己完全沒有出手協助的必要。

只要做到傾聽，相信對方，對方自然能夠靠自己站起來，克服困難。

另一個女子的案例是，自己的工作能力不好，老是給同事帶來麻煩。不僅主管沒有給她好臉色看，她覺得就連同事也都對她的表現感到傻眼。因此，她比任何人都加倍認真，盡量努力不造成同事的困擾。然而，同樣的失敗還是一再發生，連她自己也不知道該如何是好。

後來，當她明白自己這些「我造成大家的困擾」、「我知道大家怎麼看我」的念頭，全都出自全能感之後，開始試著告訴自己：「要接受全能感。」

這時候，原本一直怪自己沒用的她，頓時想開了。

她發現，做事迷糊、少根筋的自己，說不定早就已經是同事之間茶餘飯後的話題了。

以前，她知道以自己的表現來看，就算被開除也是理所當然的，做事時總是戰戰兢兢的。但現在，她覺得「只要可以留下來就好」。

過去，她會因為自己的工作能力不好，就連不是份內的工作也攬下來做。不過現在，她已經知道沒必要再這麼做了。

自從她告訴自己「接受全能感」之後，就安分地只做自己的工作，只做自己想做的事。

一直以來，她都對自己沒有信心，覺得自己很沒用。但如今，她發現原來自己過去的失敗，都是因為接收了大家討厭的工作和負面情緒，給自己帶來壓力所導致的。

自從她告訴自己「接受全能感」之後，漸漸地大家開始主動接近她，願意聽她說話，也願意在工作上為她提供協助了。

不要猜想對方的感受

只要對當「好人」有所自覺，就可以輕易改掉不由自主扮演「好人」的習慣。

然而，真正的問題在於，「好人」都是下意識就當「好人」，完全沒有自覺。

就像習慣一樣，他在不知不覺間已經套上了「好人」的戲服，捲入他人的問題中。

所以在這裡，我要提醒大家，幾個當「好人」的徵兆。

最容易發現的徵兆是：「顧慮他人的時候」，就表示自己是在當「好人」。

至於要怎麼知道自己是不是在顧慮他人，方法就是檢視自己是不是會猜想對

方的感受，例如「他好像在生氣」。一旦你開始猜想對方的感受，哪怕只是稍作揣測，都表示你是在「顧慮他人」，已經開始當「好人」了。

最不容易發現自己正在當「好人」的徵兆，是「焦躁的時候」。

你會感到焦躁，是因為在意周遭人的感受。這種時候你就是在當「好人」。所以，一旦你發覺自己「焦躁得坐立不安」時，不妨告訴自己：「啊！自己又在當好人了！」

緊張的時候，通常也是因為當「好人」的緣故。

很多時候，緊張是因為在意他人的眼光。這種心態本身，就意味著在意對方的感受。因此，**只要知道自己會「緊張」是因為又在當「好人」，自然就能掙脫「好人」的束縛。**

一旦你發現自己在當「好人」，即便不刻意阻止自己，也會很自然地就停止。

如果你發現自己「擔心對方」，也表示你確實是在顧慮對方的感受。

換言之，有「擔心」或「可憐」的念頭，就是可用來判斷自己是否在當「好人」的關鍵。

「好人」的另一個特徵是，經常把「抱歉」和「對不起」掛在嘴邊。

因此，一旦你發現自己說「抱歉」，就要警覺「自己又在當好人了」。如此一來，你自然就能跳脫「好人」的角色。

另外，要是你眼神漂浮不定、四處張望，也表示你在當「好人」，因為一個人會有這種舉止，就是在尋找當「好人」的機會。**一旦你發現自己的眼神漂浮不定，就要警覺「自己又在當好人了」。**

不過，各位沒有必要去改變當「好人」的自己原本的想法和言行。

只要提高警覺，隨時留意自己是否出現當「好人」的徵兆就行了，例如：「在意對方的感受」、「顧慮對方」、「焦躁」、「緊張」、「把抱歉掛在嘴邊」、「眼神漂浮不定」等。

只要對自己又在當好人有所警覺，自然能夠跳脫「好人」的角色，慢慢還自己自由。連帶地，身邊的人也會因為你的轉變而改變。

就算不當「好人」，也不會被孤立

「非當好人不可」是一種自以為的迷思，你覺得「如果不當好人，就會被大家孤立」。

你會有這種「只要我當好人，大家就會理我」的想法，背後有兩個原因。

一個原因是，愈是當「好人」，受到「恆定性」作用的影響，會使人變成一個「全能感全開的傲慢之人」。雖然表面上是「好人」，其實內心充滿傲慢，但又擔心萬一被看穿的話，大家都會離自己而去。一旦產生這種「大家都會討厭及唾棄傲慢的人」的擔憂，就更覺得自己「非當好人不可」。

第二個原因是「人際關係的恆定性」。

受到「恆定性」作用的影響，人在正面思考時，一定會同時產生負面的想法，使思考「維持平衡狀態」。

這種作用也存在於人際關係中。當團體中有人當「好人」，在恆定性作用的影響下，一定會出現「討厭的人」，以及「好人不被討厭的人所接受」的情況。

只要當「好人」，他就會擔心漸漸被大家孤立。

他會針對被拒絕的部分（「那個人討厭我」）放大看待，因此更想當「好人」，得到對方的肯定，而陷入「非當好人不可」的迷思當中。

不過，一旦你不再當「好人」，就會發現原本討厭自己的那個人，竟然改變態度，變得肯接納自己了。這是因為，既然「好人」的角色已經消失，對方自然就沒有必要繼續扮演「討厭的人」。

對方並非刻意當「討厭的人」，而是受到人際關係恆定性的影響，自然而然扮演起「討厭的人」的角色。

當自己卸下「好人」的身分時，對方自然也會停止扮演「討厭的人」。

雖然「非當好人不可」的想法，是來自於「如果不當好人，就沒有人理我」的擔憂，不過相反的，如果你發覺「不當好人之後，反而獲得大家的接納」，就會知道「非當好人不可」只是自己的一廂情願罷了。

以前我在精神科診所工作時，一直覺得自己既然從事精神科，在面對患者時，一定要當「好人」才行。我以為會到精神科求診的都是內心受傷的人，所以這裡的護理師就得像天使般慈愛，醫生更是要像聖人一樣。

我深信，既然自己從事這一行，就得當「好人」。看到有人鬱鬱寡歡，我會主動關心地問：「你還好嗎？」面對焦躁不安的人，我會上前仔細傾聽對方的心情。無論對象是誰，我都覺得自己這麼做是對的。

患者之間有人吵架時，我會主動介入排解。有患者喝了酒來到醫院，我也會上前關心，好好聽對方傾吐。

因為我總是當「好人」，患者都相當信賴我。我也深信不疑地認為這一切都是為了患者好。

然而，我愈是當「好人」，患者的精神狀態就愈來愈不穩定。

同事都對我冷眼相待，覺得都是因為我，才會害得患者的情緒無法穩定。我感覺自己被孤立了。

後來，患者們幾乎每天陸續發生狀況。我耐心一一應對，卻因此失眠問題愈來愈嚴重。直到有一天，我再也忍受不了，萌生辭職的念頭。

然而，身為「好人」，我無法丟下工作說走就走，唯一能做的就是拒絕加班。每天下班時間一到，我立刻脫下制服，一個人衝到棒球打擊場練球。

就在我開始每天練球之後，同事們漸漸主動接近我，甚至邀我一同出遊。就連白天工作時，我也一直想著：「今天下班要做什麼呢？」

突然間，我驚覺自己為什麼有心情想著玩樂？這時才發現，之前每天狀況不斷的患者，竟然全都「穩定」下來了。

每個人都變得很穩定，沒有再發生任何狀況。

那時候，我才領悟到，原來是自己「非當好人不可」的想法，造成患者的情緒不安。

以前我只要覺得過意不去，立刻就會當「好人」。不過，現在每天玩樂的我，已經改變想法，再也不會放在心上了。

後來，我看到新來的同事面對工作時，抱著「非當好人不可」的想法，我也不會再當「好人」，只是默默地投以溫柔的眼神，等待對方從「好人」的一廂情願中解脫的一天。

不再當「好人」之後，人生並不會因此被孤立。

接下來，就讓我們來看看該如何面對不當「好人」的罪惡感吧。

第4章

擺脫過去囚禁自己的「罪惡感」

「都是我害的」，只是跟海市蜃樓一樣的幻覺

如同前述，一個人會當「好人」的原因有很多。其中最大的原因，就是「無法對痛苦的人伸出援手」的感覺，也就是「罪惡感」。

若小時候無法幫助眼前痛苦的人，他就會開始認為「對方的痛苦，都是我害的」，因而產生「罪惡感」。

後來，當他遇到「需要幫忙」或「痛苦」的人時，這種罪惡感就會不由自主地湧現，讓他變得焦躁而坐立不安。

他會將過去的罪惡感，跟眼前毫無關係的人連結在一起，認為自己如果不當「好人」伸出援手，就是在做「不對的事」。

然而，這種罪惡感只是錯覺罷了。

這就像在沙漠裡看見綠洲的海市蜃樓一樣，以為只要走到綠洲，或許就能從口渴（罪惡感）中獲得解脫，於是雙腳不聽使喚地一步步往前走。

不過，最後即便他當了「好人」，口渴般的罪惡感非但沒有消失，反而變得更強烈了……就這樣陷入惡性循環中。

有個女子小時候一路看著父親事業失敗，身負債務而痛苦不已。

年幼的她，為了幫助父親，天真地把自己存的零用錢全給父親，說是要「幫爸爸還錢」。

只不過，父親的債務當然不可能因為這些零用錢就獲得解決。後來，每次她看到為錢煩惱的父親，就會覺得**「自己幫不上忙」、「自己吃飯、買衣服所花的錢，害得爸爸這麼痛苦」**，為自己套上雙重的罪惡感。

後來，女子長大後，表示不願意再升學。**因為學費帶來的罪惡感，讓她決定**

當個「不給父母造成負擔」的「好人」。

甚至在她出社會之後，只要看到為錢煩惱的人，都覺得自己必須為對方做些什麼才行。

後來她獨立創業，每當向客戶請款時，只要覺得對方似乎有金錢上的困難，就會不忍心索取應當的報酬，結果害自己變得跟父親一樣，過著為錢煩惱的生活。

由於年幼時的罪惡感沒有得到妥善的排解，導致她長大之後，將許多人與心裡的罪惡感連結起來，逼得自己不得不當「好人」。

有個男子在小時候因母親體弱多病，為了「想幫媽媽」，雖然自己只是孩子，還是很認真地扛起照顧的責任。

然而，母親的身體狀況沒有任何好轉，讓他因此產生罪惡感，覺得「自己幫不上忙」。這份罪惡感強烈到導致他出現幻想，堅信**「都是因為自己不乖，媽媽才會生病受苦」**。

於是，他拚命當個「乖小孩」，但即便如此，母親的健康還是每況愈下，讓他的心情變得愈來愈糟。

這讓他更相信「都是因為自己不乖」。他覺得幫不上忙的自己很沒用，看不起自己，於是自暴自棄，不想念書，也不想做任何事。

「再怎麼努力也幫不上媽媽」的罪惡感，讓他開始責怪自己，最後走上「隨便怎樣都好！」的自暴自棄的人生。

不過，由於他心裡還存在著罪惡感，只要看到「需要幫忙的人」，還是會當「好人」伸出援手。

而只要他當「好人」，對方就會變成「最惡劣的人」，為他帶來傷害。

即便到現在，他仍然受到罪惡感的控制而扭曲事實，認為「這一切都是因為自己不好」，強迫自己繼續當「好人」。

罪惡感是使你「受他人支配」的開端

「好人」認為「自己只是在幫助有困難的人」、「因為都沒有人要幫忙，所以只好自己伸出援手」。

不過，在這些想法的背後，其實存在著「罪惡感」。這一點就連「好人」自己和周遭的人都沒有察覺。觸發他扮演「好人」的「罪惡感」，是來自於父母和周遭的人。

由父母和周遭的人所種下的這個「罪惡感」，會讓人被迫扮演「好人」的角色，從此過著受他人支配、沒有自由意志的人生。

某個男子的同事因為沒有確實完成工作，受到主管責難，因此感到灰心喪志。

男子平時也有忙不完的工作，但這時卻開始猶豫是不是該主動關心同事。

他自己都已經忙不過來了，實在沒有多餘的心思去關心對方。但若是不伸出援手，他又會感到罪惡感，覺得自己是個無情的人。

如果以自己的工作為主，對同事不聞不問，就算完成工作，他也會覺得自己似乎做了錯誤的選擇。即便他下了班回到家裡，這份後悔還是一直如影隨行。

男子很討厭這種感覺，後來當同事又落入沮喪時，他在第一時間馬上邀請對方去吃飯聊天，結果卻被對方以「我今天已經有約了」而婉拒。

這讓男子心生不悅，認為自己好意關心對方，卻換來拒絕。

但是後來，男子又覺得自己這麼想很沒有肚量，回到家後，還是擔心著同事的狀況……就這樣心情一直被對方牽著走，受到支配。

他就像受到主從關係的牽制一樣，不停地顧慮對方，認真地相信自己必須為對方做些什麼才行。

不僅和這位同事的關係是如此，這個男子的人生一直以來都是受到他人的支配。

小時候，他為了幫助受到霸凌的同學，害得自己成為下一個被霸凌的對象。念書時，他主動關心有困難的女同學，甚至和對方交往，即便對方根本不是自己喜歡的類型。只要女朋友說想吃好吃的東西，就算沒有錢，他還是會帶對方上高級餐廳，最後甚至因此背負卡債……

就算自己並不想這麼做，卻覺得若是不這麼做，自己就是壞人。人生完全被他人所支配。

另一個女子的情況也相同。

只要遇到不擅溝通、遲鈍的男人，女子就會心生憐憫。一旦她溫柔地主動關心對方，卻引來對方的誤解，以為女子的行為是出於愛意。

女子又擔心如果自己拒絕了，會傷害到對方，於是在罪惡感的作祟下，即便不喜歡對方，也會在對方面前當「好人」，無法抗拒地受到對方的支配。

後來，當她開始認真傾聽對方、為對方打扮，那個原本沒有異性緣的男子，卻變得得意忘形，開始傾心於別的女孩子。

這時，女子覺得男子被別的女人利用，自己必須提醒他，於是想盡辦法要他跟對方分手，即便自己一開始根本不喜歡男子。女子的舉動被視為「嫉妒」，而她也發現自己似乎愛上對方，變得無法自拔。

女子在職場上也習慣當「好人」，一看到同事被客訴，就馬上主動攬下問題，出面應對。即便不是自己的錯，但因為同事不知如何應對，她義不容辭地代替同事向客戶低頭道歉。只不過，客戶並沒有因此而息怒。

到最後女子才發現，原本負責的同事和主管早就撒手不管，只剩下自己一個人不得不收拾剩下的爛攤子。同樣的情況一再發生，女子卻遲遲無法辭掉工作。

因為她認為：「萬一辭掉工作，大家一定會很困擾。」

雖然她清楚自己的薪水不高，卻被任意使喚，**還被沒用的同事和主管牽著鼻**

子走，不由自主地當「好人」而無法解脫。

一旦陷入這種模式，即便你不願意過這樣的人生，但只要看到需要幫忙的人，還是會主動扮演起「好人」的角色。

就這樣，人生受到周遭的人所支配，無法擺脫。

何不借助「他人的力量」

要擺脫當「好人」的習慣，方法之一就是借助「他人的力量」。

「好人」總是事事都往自己身上攬，認為必須靠自己協助身邊的人。結果導致自己覺得：「為什麼只有我得這麼努力！」即便如此，他看到可憐的人時，還是會忍不住伸出援手，因為自己是個「好人」。

「好人」出於「可憐」、「自己得幫忙才行」，所以當「好人」。然而，在「恆常性」的作用之下，為了與「好人」取得平衡，周遭的人就會扮演起對「好人」扯後腿的角色。

因此，如果「好人」可以借助「他人的力量」，就會知道大家其實都很厲害，自己沒有必要再當「好人」。

具體來說，要怎麼做才能借助「他人的力量」呢？

其實很簡單，只要在當「好人」之前，「直截了當問對方」就行了。

一旦覺得「自己得做些什麼才行」，就以非引導的方式直接問對方：「這件事你打算怎麼辦？」

這時候，你會發現對方心裡早有答案。

無論你是對對方的答案有所感動，或是表示關切，都會感受到「對方的力量發揮了作用」，自然就能借助這股力量，從當「好人」的束縛中解脫。

有一個媽媽總是在家長會上當「好人」，結果漸漸地大家都把工作丟給她，害得她事情做不完。

這時候，她告訴自己：「我要借助他人的力量！」

奇妙的是，當她這麼想之後，頓時覺得腦袋變得一片空白，什麼事都無法思考。她直接問身邊的媽媽們：「這件事要怎麼做？」把問題丟給別人，而不是一個人抱著問題。這時候，其他媽媽們反而對她說：「你做事太少根筋了，我來幫你！」主動幫她把事情做好。

她變得就像「天然呆」一樣，回過神來才發現，大家已經幫她把事情全都打理好了，讓她覺得很過意不去。

不過，比起一個人努力，靠著大家的力量交出漂亮的成果，讓每個人臉上都閃耀著耀眼的笑容，她可以感覺到大家都非常開心。

另一個女子總是在公司裡當「好人」，導致自己每天都無法準時下班。

她顧慮大家都有家庭，應該很想早點回家，所以二話不說就接下大家的工作，獨自一個人加班完成。

後來，相關的工作接二連三地全都落到她身上，推也推不掉。等到她察覺時，才發現只有自己累得像狗一樣。

於是她告訴自己：「我要借助他人的力量！」

她才一這麼想，突然覺得自己可能太疲累，整個人昏昏沉沉的，變得體力不支。同事見狀，立刻主動接下她的工作。就連平時從不管事的主管，也替她把工作全部分配給其他人，讓她能夠準時下班回家休息。

「原來太陽還沒下山就能下班回家，是這麼開心的一件事啊！」她非常開心，終於嚐到「自由」的滋味。

當然，這麼做會讓「好人」臉上寫滿「過意不去」的罪惡感，不過，**藉著「借助他人的力量」，她明白「其實大家都很能幹」，可以放心把工作交給他人，過著快活的日子。**

大聲告訴父母：「我再也不當好人了！」

「好人」的父母同樣也深陷在當「好人」困擾中。

就某種意義上來說，**當孩子的其實是受到來自父母的暗示所影響——「因為爸媽深陷在當『好人』的惡性循環中，所以自己也擺脫不了相同的命運。」**

這種暗示非常強烈，幾乎無法擺脫。「好人」自己對這一點也心知肚明。

如果他因此對父母心生憎恨，接下來一定會伴隨著罪惡感。即便他心中有怨，隨即又會在父母面前當「好人」。

另一方面，就算他敬愛當「好人」的父母，心裡不免覺得當「好人」只會讓自己吃虧。對於跟父母一樣不斷重複同樣錯誤的自己，只會感到自我厭惡。

所以，這樣的人需要一些方法來擺脫這種受父母影響的當「好人」習慣。方法是：大聲對當「好人」的父母做出宣言。

具體來說，就是**老實告訴父母，自己跟他們一樣總是當「好人」，然後大聲地宣告：「從今以後我要活出自己，再也不當『好人』了！」**

如此一來，孩子就能從原本受父母影響的「好人」束縛中，得到解脫。

所謂的束縛，指的是父母總是扮演「好人」的角色，辛苦付出。雖然他們沒有意識到，但在對當「好人」感到厭倦時，心裡就會想：「我的孩子也跟我一樣，因為當『好人』而吃盡苦頭了吧。」

這種念頭會變成一種「暗示」，傳送給孩子，使孩子陷在「擺脫不了當『好人』」的詛咒中。

所以，孩子必須對父母承認，自己確實受到他們的影響而習慣當「好人」。

然後，透過大聲宣告「我要活出自己，不再當『好人』」，消除來自父母的「這孩子也同樣吃盡苦頭了吧」的暗示。

或許父母會認為：「就算這麼說，這孩子還是會忍不住當『好人』。」不過，這時孩子已經可以分辨「這是一種暗示」，懂得告訴自己：「我才不會上當！」確實避開當「好人」的陷阱。

他能成功地從「好人」當中解脫，斬斷「負面的連鎖效應」。

有個女子每次只要當「好人」，就會因為壓力而暴飲暴食。就算節食瘦身，過沒多久還是又胖回來，同樣的情況一再反覆發生。

就連在工作上也是一樣，她總是當「好人」幫別人做事，卻因此耽擱了自己的工作，明明她比誰都認真，卻得不到肯定。

女子察覺到自己的情況簡直就是父親的翻版。但她一點也不想變得跟父親一樣。即便她不想跟父親一樣變成濫好人，還是在不自覺間上演同樣的戲碼，甚至連體型也跟父親愈來愈像。於是她決定改變，擺脫當「好人」的習慣。

她趁著休假回到老家，把心裡的話告訴父親：

「爸爸，我從以前就很討厭你總是當濫好人。可是我自己也在不知不覺中，變得跟你一樣當起『好人』來。」

「因為你也不擅長拒絕別人。」父親貼心地回應她。然後，女子大聲地向父親宣告：「我要活出自己，再也不要當『好人』了！」

父親一臉震驚，淡淡地回了一句：「這樣啊。」

從那之後，每當她在公司遇到討厭的事，就會想起父親當時的表情，再也不會不好意思拒絕。

不僅如此，她只要一想到就算不當「好人」也沒關係，心裡的壓力就減輕不少，不需要再靠吃甜食來紓壓。就這樣，她在沒有刻意節食瘦身的情況下，漸漸恢復原本的身材。

這時候，她才終於體會到：「原來當『好人』，就是我的壓力來源！」

後來，每次她回到老家時，都能感覺到父親一直在注意她。不過，自從當時的宣言之後，她深知自己接下來一定可以擁有跟父親截然不同的人生。

有個男子只要一當「好人」，就會因為壓力而做不好事。不管他做什麼，主管都不滿意。主管愈生氣，他就愈做不好，就這樣陷入惡性循環中。

一開始，他完全沒想到問題是出在自己當「好人」上。不過，後來他再仔細思考，才驚覺這全是因為自己過於在意大家的感受，才會造成壓力產生。還有一點是，自己覺得「主管好可憐」。

只要他一想到「主管好可憐」，就覺得自己可以把事情做好。然而，正因為他覺得「主管好可憐」，就不敢明確表達自己的想法，造成每次跟主管意見相左時，都會因為不照吩咐去做而惹怒主管。主管一生氣，男子就覺得「過意不去」、「主管好可憐」，更說不出自己真正的想法。

男子察覺到這一點之後，回過頭去找總是當「好人」的母親。

他向母親坦承：「我就跟你一樣，一直都在當『好人』。」

這麼說不是出於憎恨，而是做到「承認」。

一直以來，母親對於父親蠻橫的態度，都是笑著面對。一想到這裡，男子就不禁難過。

他堅定地告訴母親：「我要活出自己，再也不當『好人』了。」

從此之後，他不再畏懼於主管，開始能夠以平等的態度去應對。

他精準地掌握住問題的原因就在自己總是當「好人」。現在，他再也不會顧慮主管的感受，變得能夠坦然說出自己的想法。

當他不再處處顧慮他人的感受之後，發現做起事來變得很輕鬆，工作表現也漸入佳境。不久之後，他萌生更積極的想法，開始思考轉換跑道。

如同當初的宣言，男子擺脫了當「好人」的習慣，為自己而活，一步一步地變得更好了。

貼心的你，根本不需要笑容

一旦當「好人」，就不得不隨時笑臉迎人。

就算被討厭，也要「微笑面對」，實在很累……這全是因為壓力在大腦中累積所造成的。

面對給自己帶來不開心的對象，人會透過表情等方式，表達心中「不開心」的感覺，以排解壓力。

然而，「好人」**即使「不開心」，但一想到「萬一對方知道我不開心，一定很可憐」，只好堆出笑容，把不愉快的心情往大腦裡塞**。

不開心的感覺被當成了「疲憊」，不停地累積而無處排解。

即便「好人」已經心力交瘁，臉上卻仍舊掛著笑容，導致沒有人瞭解他的心情。「好人」總是認為，臉上若是少了笑容，會給別人帶來不悅。他之所以會有這種想法，其實是因為不信任對方。

就某種意義上來說，就是只相信自己。

所以無論面對任何人，都會扮演「好人」的角色。

只不過，自己愈是當「好人」，身邊的人就呈現完全相反的立場，所以又會「不相信任何人」。

既然如此，就停止展露笑容吧。這對「好人」來說或許很難，但事實上有個很簡單的方法可以辦到。

那就是，只要在心裡告訴自己「別擔心」就行了。

面對得堆出笑容應對的人時，試著在心裡告訴自己：「別擔心！」

這時，或許你就會發現自己有了不一樣的表情。

最容易察覺的方法，就是對著鏡子試試看。試著想像那個總是讓自己當「好人」的對象就在眼前，做出面對對方時的表情。你會看到原來自己都是用笑容在面對他。

接下來，你在心裡告訴自己：「別擔心！」並觀察表情放鬆下來的變化。鏡子裡「面無表情的樣子」，就是「放心」的表情。

當你在心裡告訴自己「別擔心」時，臉上的表情確實不再是笑容，但身邊的人卻會做出正面的回應。

對方的表情也會跟著放鬆，不可思議地，就連你自己也會感到放心。你可以透過「不再當好人」的表情，來展現對對方的信任。

沒錯，只是改變自己，做出「放心」的表情，身邊的人也會變得值得信任，雙方一同感受到放心的感覺。

這時，你一直以來的「疲憊感」也會頓時消失，心情變得更自在、更開心。

不要責怪拒絕他人的自己

「好人」在拒絕他人之後，經常會感到後悔，責怪自己為什麼要拒絕對方，擔心著：「對方說不定會因此討厭我？」「對方會不會從此再也不相信我了？」

接下來，這樣的擔心會轉變為憤怒和抱怨：「為什麼都只拜託我？」「如果多替我想一下，就不會拜託我做這種事了！」

這全是因為人天生具備的「恆定性」作用的影響，所以在思考上會試圖「維持平衡」。

當你感到「罪惡感」時，在維持平衡的作用下，會自然而然地轉為憤怒，抱怨著：「為什麼我非要這麼想不可？」

但這時，「好人」又會對自己的這種想法感到罪惡，於是念頭一轉，開始責怪自己。接著，他再度因為平衡作用的影響，不由自主地產生「都是對方不好」的想法，最後產生了「與其這麼痛苦，早知道就不要拒絕」的念頭，於是不得不繼續當「好人」。

如果可以停止這種「罪惡感」和「憤怒」像拉鋸戰一樣反覆來回拉扯的情況，就能輕鬆擺脫當「好人」的習慣。

方法很簡單，當你因為拒絕他人而產生「罪惡感」和憤怒時，只要在心裡告訴自己：「我原諒自己。」這樣就行了。

當我們拒絕他人時，通常會覺得「對方一定會責怪我」。但事實上，一切只是「自己在責怪自己」。

一旦陷入「自責」的情緒中，大腦就會開始編故事，讓你覺得對方真的在責怪你，甚至很多時候把想像當成了現實。

人類會透過想法創造出現實，一旦覺得「對方應該很生氣」，就會把它當成現實來看待。

如果你可以在因為拒絕他人而產生「罪惡感」時，告訴自己：「我原諒自己。」就能停止心裡的拉鋸戰。

等你下一次再見到對方時，就能看清楚溫柔的現實，知道現實根本與自己所想的截然不同。

只要你告訴自己：「我原諒自己。」不再自責，就能體會到溫柔的真實世界。這是一個為「好人」而存在的世界，你會知道自己完全不需要顧慮他人，也不必為他人犧牲自己。

或許你會覺得不滿足，但還是要時時告訴自己：「我原諒自己。」

漸漸地，你會接受這樣的現實，體會到在這個為自己而存在的世界裡，自由自在活著的樂趣。

脫掉所有的「假裝」，就能得到信任

疲於人際關係的人，除了當「好人」以外，也會假裝自己是個「溫柔的人」、「體貼的人」，而且「永遠不會錯」。

他會扮演「溫柔的人」，對對方產生「可憐」的念頭，覺得「對方需要幫忙時，我一定要伸出援手」。

但另一方面，他受到人類維持「恆定性」作用的影響，心中會浮現另一個完全相反的聲音，覺得對方「活該！」「少在那邊裝可憐了！」。

接著，他又因為「恆定性」而產生罪惡感，覺得「我這樣說對方，對方實在太可憐了」，於是不得不在對方面前假裝自己是個「溫柔的人」。

他在假裝自己是個「體貼的人」時也是一樣，一旦在對方面前擺出「我懂你的心情」、「你已經很努力了」的態度，心裡一定會出現另一個完全相反的聲音：「少在那邊耍賴了！」「還不是因為你沒有想清楚，所以才會搞砸！」

為了消除這些想法，他只好繼續假裝自己是「體貼的人」。

「永遠不會錯的人」會對父母或周遭的人抱持著罪惡感，因此不得不假裝出一付「我是對的」的樣子。

他愈是基於罪惡感而假裝自己「永遠不會錯」，心裡就愈覺得：「自己根本不對！」這也是因為受到「恆定性」作用的影響。

但是，隨著「自己根本不對！」的意識愈強烈，罪惡感也油然而生，只好不得不繼續扮演「永遠不會錯的人」的角色。

他們一想到要是這些「假裝」和「裝模作樣」被揭穿，可能會被對方看不起，所以一旦開始「假裝」，就很難停止。

其實，只要思考一下就會知道，如果對方是值得信賴的人，你根本不需要「假裝」，可以表現「真實的自己」。

假使對方讓自己非得「假裝」不可，代表自己其實「不信任」對方。

這種「不信任」的心情，表示你對對方一定存在著「憤怒」。

因此，當你發現自己開始想要扮演非原本的個性時，不妨試著「感受對對方的憤怒」。

你不需要當著對方的面前直接表現出來，而是「練習在心裡不留情面地批評對方」。對於習慣「假裝」或「裝模作樣」的人來說，或許會覺得這麼做太過分了，自己做不來。

不過，愈是扮演「好人」、「溫柔的人」、「體貼的人」，受到恆定性的影響，心裡對對方一定會有許多批評。

只要練習正視並接受這些隱藏在內心的「憤怒」，不可思議的事情就會發生。

原本一直「假裝」或「裝模作樣」而無法真誠以對的自己，會開始改變想法，覺得自己似乎可以對對方說出真心話，不必再「假裝」，而是用真實的自己去面對對方。

這時，你就能感受到「真正的信任」。

有個男子總是在下屬面前扮演「好主管」，導致下屬成了有話直說的怪獸下屬，讓他不知道該如何是好。

他展現「體貼的態度」，接受下屬以要事為由而沒有完成工作。結果，底下的人紛紛未經允許就擅自早退，讓他十分不滿。

不過，身為一個「永遠不會錯的人」，加上順應社會潮流的轉變，他說服自己：「這麼做沒有錯，下屬的行為只是呼應了工作方式的改革，並沒有不對。」

就這樣，雖然他心裡感覺怪怪的，還是接受了這種情況。後來，部門的業績表現漸漸衰退，男子察覺自己在上級眼中成了「沒有管理能力的主管」，為此感到十分焦慮。

於是，我請他「練習感受自己的憤怒」。後來，只要面對下屬，他就在心裡練習：

「連事情都做不好，還有臉一副吊兒郎當的樣子！」

「你也不好好想想，以為自己的工作都做好了嗎？」

這些不斷出現的狠毒惡言，讓他驚覺：「原來我是這麼想的！」

過去他因為「怕被討厭」、「擔心下屬辭職不幹」，一直小心翼翼地應對。不過，後來他發現，當自己直截了當地表現出「我希望你們依照我的意思去做」的態度，大家身為團隊的一員，都非常願意聽從他的指示。

這都是因為，只要學著脫掉身上的「假裝」，就能用對等的關係面對對方，說出真心話，與對方建立起真正的信賴關係。

第5章

把自己當成「世界的中心」

世界是為自己而轉的

「好人」通常會覺得「自己是為了某個人而存在，而活著」。

因此，他會尋找一個這樣的對象而去當「好人」，為大家付出。

不過，旁人對此卻不以為然，認為「好人」這麼做，只是因為「希望得到讚美」、「希望被接受」。

事實上，「好人」真正期望的，是「對方的幸福」。

他真心祈求對方幸福，即便要犧牲自己，又得不到任何感激。

因為他身為「好人」，就算不被瞭解，也真心希望可以為周遭帶來幸福。

然而，**真正的現實是，即使「好人」犧牲自己而幫助了對方，「對方也得不**

到一絲幸福」。

對方不但得不到幸福，所面臨的問題反而會一發不可收拾。

「好人」於是更進一步犧牲自己，為對方全心全意付出。

他相信「自己可以給對方帶來幸福」，所以當對方離幸福愈遠，「好人」就愈會感到自責。

他覺得是自己造成對方的不幸，「都是因為自己做不好」、「都是因為自己能力不足」，為此苛責自己、否定自己。

對一般人來說，都會覺得這不過是「狂妄的想法」、「以為對方的不幸是自己造成的，其實是一場誤會」。

不過，這種「自己做不好，造成對方不幸」的念頭，並非自以為是的誤解。

每個人的世界，都是以自己為中心。

一旦把中心放在「對方」身上，原本的世界便會發生扭曲，自然就會創造出

「不幸的現實」。

對於「想幫助」的對象，他會將世界的中心放在對方身上，凡事都圍繞著對方而轉。

「好人」基於「為對方著想」，於是站在對方的立場和感受上為其設想，使得原本應該為自己而轉的世界，中心轉移到對方身上，因此覺得「世界變得扭曲」，現實猶如惡夢成真。

既然如此，「好人」該怎麼做呢？

這種時候，只要告訴自己「世界是為自己而轉的」就行了。

身邊的人，包括看似需要幫助的人，每個人都是為了自己的幸福而存在。

既然如此，「好人」就沒有必要伸出援手。

只要抱著期待的心情，等待身邊的人為自己帶來美好的世界即可。

「好人」自己就是主角，其他人都是給自己帶來幸福的人。

當「好人」把中心從他人身上轉移到自己時，世界就會開始為自己而轉，連帶地替身邊的人帶來幸福。

過去當「好人」時，那些無法改變、如惡夢般的現實，會隨著你把世界的中心放在自己身上之後，一切回歸正軌，實現人人幸福的美好世界。

「以自己為中心」就能為大家帶來幸福

「只有自己受到排擠」的感受，說明了你世界的中心是放在自己以外的他人身上，所以你會覺得現實世界變得扭曲，大家都無法得到幸福。

由於身邊的人都不快樂，你覺得「大家都充滿敵意」，世界變得缺乏同理心。在這樣的世界裡，「好人」自己就成了異類，自然會產生「只有自己受到排擠」的感覺。

對一般人來說，會認為這種「只有自己受到排擠」的念頭，根本只是大腦捏造出來的幻想，是好人自以為是的誤解。

然而，對「好人」而言，由於世界的中心不再是自己，現實漸漸扭曲，大家離幸福愈來愈遠，變得自暴自棄，只有「好人」出淤泥而不染，才會受到排擠。

「好人」愈是在大家面前當「好人」，為大家的幸福而盡力，只會離原本世界的中心愈遠，導致身邊的人得不到幸福，自己也遭受孤立，陷入惡性循環中。

事實上，「好人」只要把世界的中心放在自己身上，為自己當「好人」，自己就能得到幸福。

接下來，**這份幸福會感染到身邊的人。幸福的夥伴愈來愈多，自然就不會再覺得「只有自己受到排擠」了。**

「好人」在追求幸福時，會認為「大家都不幸福，只有自己一個人得到幸福，一定會受到排擠」，而感到擔心。

但這只是大腦捏造出的幻想。

「好人」深信，只要大家得到幸福，自己就能被接納，於是想盡辦法讓身邊的人得到幸福。

只是，他愈這麼做，世界的中心就會離自己愈來愈遠，於是世界變得扭曲，大家當然不可能得到幸福。

對「好人」來說，要理解「即便為他人全力付出，對方也不會因此得到幸福」的道理，實在很困難。

他認為，為別人當「好人」，一定能獲得對方的感激，為對方帶來幸福才對。但事實上，**就算「好人」對需要幫忙的人伸出援手，犧牲奉獻自己，但對方受到人性的影響，只會認為這份成功是自己的努力，失敗是他人的過錯。所以，即使他表面上感激「好人」，心裡卻認為「成功是自己掙得的」。**

「好人」出於好意而伸出援手，對方卻始終毫無長進，離幸福愈來愈遠。

但是，當「好人」開始為自己而活，幸福會變得愈來愈近。

一旦把世界的中心放在自己身上，你就會發現，原來綁住自己通往幸福的束縛，就是「為他人而活」。

現在，就掙脫這個束縛吧。

只要你掙脫了，就能開始踏上幸福之路，身邊的人也會跟著一起向前，開始為自己而活。

大家不再自暴自棄，而是成為有用的人，共同一步步朝著幸福邁進。

就算認錯，也不要反省

「好人」一旦為某人付出卻沒有得到回報，就會開始後悔而討厭自己，例如：「早知道就不要那麼做！」「自己為什麼那麼多嘴！」

一般人聽到這裡，只會覺得摸不著頭緒，不懂得為什麼他主動付出，卻在事後又感到後悔？

不過，「好人」出於好意而付出之後，一定會後悔，對自己深深感到厭惡，然後又在心裡拚命地抵抗這種念頭。

他會回想過去，告訴自己：「我當時這麼做一點也不奇怪。」把自己的行為正當化。

只不過，他一想起對方的表情，還是會忍不住擔心自己是不是太多管閒事了，於是變得焦躁。

就這樣，他會在「自己沒有做錯」和「果然還是太多事了」的情緒中反覆掙扎，不知該如何是好。

即便「好人」當場得到對方的感激，在事後還是會莫名地對自己產生懷疑。

這種自我厭惡的念頭，就某種意義上來說並不奇怪。

這是因為他出於好意地伸出援手，等於「造成對方的世界扭曲」。

其實最好不要插手。

自己的插手，最後造成對方無法獲得幸福。

「好人」很清楚這一點，所以事後才會不由自主地回想當時的情況，擔心自己是不是太多事了。

再加上，一般人在人性的影響下，都會覺得「成功是自己掙得的」、「失敗都是他人的錯」。

所以，即便對方表面上再怎麼表現感激，「好人」都絲毫感受不到，他才會有「我是不是太多事了？」的擔憂。

這時，大家會說：「看吧！他還不是想得到對方的感激！」事實上，「好人」是擔心自己是不是做錯了。

也就是說，**如果受到對方感激時，「好人」沒有產生相應的感受，當場就會檢討自己的作法是否正確。**

於是他開始不斷自我反省，例如：「那時候好像不該那麼做？」最後斷定自己的錯誤，陷入自我厭惡中。

既然如此，一旦「好人」開始討厭起自己，不妨就索性坦承自己的確是多管閒事。

假使「好人」不把焦點放回自己身上，只會扭曲了對方的世界，給對方帶來不幸。

因此，不如承認「自己多管閒事」。

這時，很重要的一點是，承認「自己多管閒事」，但不需要自我反省。

「好人」的「反省」，其實就是在思考自己「可能做錯」的地方。

但這也意味著他在為自己尋找那最後的一絲救贖，證明「自己或許是對的」。

因為在他的內心深處，仍然有一小部分覺得「自己沒有做錯」。

「好人」可以看透事物的本質，很清楚自己的行為並沒有為對方帶來幸福。

因此，無論身邊的人如何表示肯定，「不對勁！」的直覺也會讓他開始產生懷疑，接二連三地反省自己的不是，最後陷入自我厭惡。

所以，一旦開始討厭自己，就坦然地告訴自己：「我多管閒事了！」

這樣就能學著默默地守護對方，不再多管閒事。

「好人」也會因此把焦點放回自己身上，進而為身邊的人帶來幸福，自己也能從自我厭惡中獲得解脫。

透過承認「自己多管閒事」，「好人」會發現，原來自我厭惡的背後有著如此深刻的意涵。

對自己說：「我就是最閃亮的那顆星！」

要「好人」以自己為中心，其實非常困難。

因為長久以來，他都是以別人為中心，不習慣把焦點放在自己身上。

但是，若不以自己為世界的中心，世界只會呈現扭曲的狀態。

他會拿自己與其他發光發亮的人相比，產生「自己沒用」的想法，也會陷入「別人那麼好，我根本不值得以自己為重」的偏見中而無法自拔。

你不妨在心裡告訴自己：「我就是最閃亮的那顆星！」

這是「好人」暗示大腦讓自己成為世界中心的說法。

透過對自己這麼說，你漸漸會發現身邊的人都因為你的光芒而發亮。

大家並非自己發光發亮，而是因為「我」的照亮，大家的存在才得以被看見，並且反射出光芒。

這時候，你的「世界中心」自然會回到自己身上，開始為自己而活。

只要你又開始出現「自己可以為他人做些什麼？」的念頭，就立刻在心裡告訴自己：「我就是最閃亮的那顆星！」

如此一來，你就會知道最重要的是自己，根本不需要為對方做任何事。

沒錯，只要自己發光發亮，對方也會映照出美麗的光芒。

過去你以對方為中心時，對方之所以會暗淡無光，全是因為世界扭曲的關係。所以你要透過告訴自己：「我就是最閃亮的那顆星。」來導正扭曲，把焦點放回自己身上。

在你習慣這種想法之後，就會與身邊的人愈來愈靠近，大家都會在「好人」

的光芒映照下，散發美麗的光彩。

接下來，你繼續告訴自己：「我就是最閃亮的那顆星。」這份光芒甚至會擴及遠方，照亮更多人。

你會驚覺：「原來自己身邊有這麼多人！」

過去你一直覺得自己獨自身處在幽暗的世界裡，其實並非如此。

隨著你對自己說：「我就是最閃亮的那顆星！」世界的扭曲會被一步步導正，並在自己的光芒照耀下，第一次感受到周遭的存在，發現「原來我不是自己一個人」。

原本光芒只能照在自己身上的「好人」，藉由「我就是最閃亮的那顆星」的自我暗示，把焦點放回自己身上，並強化自己的光芒，也吸引了更多人靠近。

只要在意自己的「快樂」

在人際關係或職場上，甚至是家庭當中，一定都會遇到「相處」的問題。

大家要先有一個認知，就是：當你不知道怎麼跟對方相處時，就表示你已經把世界的中心放在「對方」身上了。

由於你顧慮對方的感受，站在對方的立場思考，才會發生「世界扭曲」的現象。

其實，「不知道怎麼跟對方相處」就是「正確解答」。**因為無論你用任何方法，對方都「不會幸福」。**

除非「好人」把世界的中心放在自己身上、得到幸福，否則對方不可能散發幸福的光芒，只會一步一步走向不幸。

「好人」正因為清楚這一點，才會「不知道怎麼跟對方相處」。

如何才能讓「不知道怎麼跟對方相處」的人，把世界的中心放回自己身上呢？其實有個不錯的練習方法。

首先，回想跟對方相處的經驗，在心裡確認自己「開心・不開心」的感受。

如果你覺得「不開心」，就不要接近對方。這就是把世界的中心放在自己身上的第一步。

相反的，假使過去你跟對方相處起來都「很開心」，就進一步檢視：「自己跟對方相處時都做了什麼，所以感到開心？」這個步驟對於把中心放在自己身上而言，是相當重要的一大關鍵。

不做自己「不開心」的事。

只要選擇「開心」的事去做，把中心放在自己身上，你跟對方的關係就會出

現意想不到的突破。

有個男子不知道如何跟總是心情不好的太太相處。

他事事為太太著想，以太太為優先，反而造成太太愈來愈不開心，讓他不知該如何是好。

太太總是責怪他：「你從來都不好好聽人說話！」「你一點也不瞭解我的心情！」

身為「好人」的他，將太太的抱怨隨時隨地放在心裡提醒自己。只不過，太太還是不滿意，變得愈來愈不開心。

於是，我請他**先自我釐清：「你跟太太相處起來開不開心？」**

最後，男子坦承「自己並不開心」。於是，雖然他感到「愧疚」，還是決定先跟太太保持距離。

沒想到，原本總是板著臉、態度冷淡的太太，竟然開始主動向當「好人」的男子靠近。

這時候，我請男子再一次釐清：「你跟太太相處起來開不開心？」這一次，男子的答案是「開心」。既然如此，我建議他試著跟太太開啟對話吧。

我進一步問他：「什麼樣的對話會讓你覺得開心？」男子回答：「我喜歡聽她說話。」於是，他開始對太太表現出傾聽的態度。

隨著男子的改變，太太竟然主動表示：「對不起，過去一直讓你這麼痛苦。」這令男子十分意外。

以前自己一直因為無法滿足太太而苦惱不已，沒想到當他把世界的中心放回自己身上時，才發現原來自己一直做錯了。

原來，當「好人」開始為自己而活，對方也會跟著重拾生氣，散發生命的活力。

只要隨時釐清自己「開心・不開心」的感受，把世界的中心放在自己身上，就能感受到自己為周遭帶來多大的影響，也使對方變得美麗而耀眼。

面對有困難的人，用觀察取代伸出援手

每個人在思考「自我價值」時，很容易都會以「跟他人相比」或是「自己有多受身邊的人仰賴」為基準。

但是，這種作法等於是以他人為世界的中心，會造成世界扭曲，覺得「自己沒有價值」，變得愈來愈沒辦法把中心放回自己身上。

尤其「好人」因為無法看見自己的價值，會不由自主地在他人面前當「好人」。

原本他當「好人」是想為沒有價值的自己增加一些價值，然而，這麼做只會使得自我評價變得愈來愈低，最後擺脫不了當「好人」的命運。

「好人」始終無法察覺，拿自己跟他人比較，會扭曲了世界的中心，等於給身邊的人帶來不幸。

所以，大家平時不妨試著練習發現「自我價值」。

當你很想對他人伸出援手時，什麼事都不要做，只要觀察就好。

這時候，你會發現原本看似需要幫忙的對方，竟然開始散發耀眼的光芒。

只要你**別把中心放在對方身上而行動，而是靜靜觀察，就會發現對方漸漸從困境中解脫，找到幸福。**

這時，會讓你自己產生一種想法，以為：「這或許是因為我的關係？」雖然自己什麼都沒有做。

這是過去當「好人」、處處為對方付出時所沒有的感受。如今，「什麼都不做，只是觀察」，對方就能改變，同時你也發現「都是因為我！」的自我價值。

你能感受到對方受到自己的影響而散發光芒，證明了「自我價值」。

什麼都不做，只是在一旁守護著大家，就為大家帶來自由和幸福。

如果你感受到大家的嫉妒，像是覺得你「好卑鄙」，就證明你已經找到自我價值了。

有了自我價值，你就能散發耀眼的光芒並影響他人。

只要「什麼都不做」，「好人」就能找到自我價值。

多把時間花在自己身上

如果「好人」要練習肯定自己就是散發耀眼光芒的星星，方法是別把時間花在「為他人行動或著想」。

練習著把原本用在他人身上的時間，改為「花在自己身上」，就能做到適度的「自大」。

自大，是發現自我價值的關鍵。

「好人」心裡想的總是他人，所以一旦你發現自己又在想著他人的事，就要趕緊切換思考，把時間留給自己。

也就是你只要思考：「我現在想為自己做什麼？」

當你把原本花在他人身上的時間，刻意轉移到自己身上時，自然會愈來愈看重自己。

一旦你能夠適度地肯定自己，身邊的人也會跟著愈來愈幸福。最重要的是，隨著身邊的人變得更幸福，你愈要學著把時間花在自己身上。**只要大家對你的看法，從過去的「好人」變成「他最近是不是變得比較自以為是了？」就表示你成功了。**

看重自己，表示你把世界的中心放在自己身上。這會帶來正向循環，為大家帶來幸福。這就像透過肌力訓練，鍛鍊出適當的肌肉，讓自己的體型變得更好看、更完美。

藉由學習適當的自大，把世界的中心放回當「好人」的自己身上，就能一步步發現美好且平衡的世界。

這個練習的訣竅是，只要一發現自己當起「好人」，立刻在心裡阻止自己：「不可以！」然後，對自己說：「我要把時間花在自己身上。」並把這個想法實際付諸行動。

這對一般人來說很簡單，但對「好人」而言卻是相當困難的練習，因為他們總是只惦記著他人，把時間花在自己以外的人身上。即便是獨處的時候，他們心裡掛念的也是別人，一心只想著要解決對方的問題。

正因為如此，就像透過反覆鍛鍊、慢慢練出一身肌肉一樣，方法就是慢慢地把世界的中心放回自己的身上。

只要堅持持續練習，直到你發現「身邊的人開始散發耀眼光芒！」時，就表示你成功了。

沒錯，一旦學會適度地「自大」，身邊的人也會變得愈來愈耀眼。

在「好人」的光芒映照下，大家離幸福也會愈來愈近。

第6章

不再害怕「被討厭」

走向「自我中心」的過程中，最容易招人嫉妒

擺脫不了當「好人」習慣的原因之一，就是認為「一旦以自我為中心，會招來身邊的人嫉妒的眼光」。

嫉妒是生物性大腦發揮作用的表徵之一，會造成腦內電流過量，產生「那個人太卑鄙了，只想到自己」的想法。

一旦你感受到對方傳送出來的這股電流，就會彷彿受到指責般，進而產生了「我不能以自我為中心」的念頭。

即使以自我為中心可以為自己帶來自由、變得輕鬆，但在周遭散發出來的嫉妒電流影響下，只能被迫又當回「好人」。

一旦「好人」以自我為中心，為自己而活，變得幸福而開心，散發耀眼光芒時，身邊的人便會開始嫉妒，覺得：「太卑鄙了！只有自己幸福！」於是搖身一變，展現出攻擊性格，對「好人」處處刁難、語帶諷刺。

受到妒嫉的一方，則會把這些攻擊性的言行當真，開始反省自己：「我一定是做了不好的事，對方才會說這種話。」

於是，最後他做出「我不能以自我為中心」的結論，又回頭繼續過著顧慮他人感受的「好人」生活而難以自拔。

「好人」非常害怕聽到別人說他「自我中心」、「自私」。為了避免他人有這種看法，才會時時刻刻顧慮著他人。

這種「一旦想以自我為中心，就會招人妒嫉」的情況，有個非常有趣的現象。

那就是「自我中心表現得要做不做的，就會招人妒嫉」。

假設把自己的內心看成是一個圓形。

圓形的中心部分就是「以自己為中心的狀態」。由中心愈往外的部分，就是「顧慮他人的狀態」。

「好人」認為，愈往中心，就愈會招人妒嫉。而所謂的中心，就是「只考慮自己」。

基於「平衡」，「好人」會覺得不應該只考慮自己，必須顧慮到他人，所以離中心愈來愈遠。

其實，這當中隱藏了一個「好人」不知道的現象：愈靠近中心，就愈不會招人妒嫉。

也就是說，愈是以自我為中心，就愈不會受到他人妒嫉。

只不過，在「好人」朝著「自我中心」努力的過程中，會遭受來自身邊的嫉妒電流。

過去一直以來，他從來沒有「以自我為中心」，因此需要花一點時間，才能體會到「自我中心」的感覺。

但在這個過程中，身邊的人會因為嫉妒，做出刁難、諷刺，甚至口出惡言的行徑，為的是要把對方拉回「好人」的角色。

當人面對這種情況時，最常發生的就是大腦變得一片空白，原本想做的事也做不到了。這就是「因為嫉妒電流而觸電的狀態」。

「好人」只要試圖追求「以自我為中心」的生活，周遭的人就會嫉妒，導致「好人」的大腦因觸電而變得一片空白，做什麼都不對。

由於「好人」不曉得對方有嫉妒的念頭，根本難以想像自己是因為對方的嫉妒電流而觸電。

所以，你在這時要告訴自己：「我是因為受到嫉妒電流的刺激，才會大腦一片空白」、「我只要再多為自己想就行了」，以自我為中心去思考，大腦就會開始恢復運作，甚至效率變得以前更好。

話雖這麼說，「好人」在遭到他人的惡意言行後，很容易受到打擊而沮喪。

因為「好人」很害怕被討厭。

不過，**對方並非討厭「好人」，只是「嫉妒」而已**。因此，「好人」只要告訴自己「我必須再多為自己想」，更徹底地做到以自我為中心，就不會再害怕被討厭了。

等你做到圓形的中心，便能恍然大悟，瞭解對方只是嫉妒罷了。

到了這個時候，身邊的人就不會再嫉妒了，而是把「好人」當成一般人看待，完全不放在心上。

透過「腳底」的感覺，將嫉妒電流導出體外

招人嫉妒時，最容易察覺的表現有他人「口出惡言」、「背地裡說壞話」、「刁難」及「辱罵」等。

相反的，最不容易察覺的嫉妒表現則包括了「建議」、「提醒」、「擔心」，還有「無視」（沒有反應）。

就算你看著對方，也不會察覺這些就是嫉妒的表現。

唯一可以判斷這是否為嫉妒的方法，就是釐清對方的言行給自己帶來了什麼樣的感受。

如果你感到沮喪，懷疑著：「自己做錯了嗎？」或是感到擔心或悶悶不樂，

就表示自己「招人妒嫉」。

雖然你在事後會感到氣憤，不懂自己為什麼得受到這種對待，但在面對對方言行的當下，卻是「無法反駁，大腦一片空白」，不斷反省和自責。

這就證明了自己的確招人妒嫉。

所謂的嫉妒，是嫉妒者的大腦呈現電流過剩的狀態。這股電流會隨著言行表現出來，傳送到「好人」的大腦，引發其觸電。

結果導致「好人」像小孩子一樣，「呆呆地在原地，一句話也說不出來」，懷疑「應該是我不好」。

而且，受人嫉妒的一方，大腦電流會因此而混亂，不斷在「為什麼我得遭受這種對待！」的憤怒，以及「該不會真的是我不好？」的反省之間來回掙扎。

最後，他會漸漸迷失「自我中心」，等到回過神來才發現，自己又開始當「好人」了。

事實上，有個方法可以輕易排解招人嫉妒的感覺，那就是「感受腳底的感覺」。

以前念書時，有一次我正在打報告，突然「轟」地一聲，宿舍被雷擊中，造成那份我花了好幾個小時整理的報告，在瞬間化為烏有。

一般的電器用品為了避免這種狀況，都會附設接地線，將電流導至地面。同樣的道理，對方傳送過來的嫉妒電流，只要透過你的腳底導流至地面就行了。

在面對對方時，把注意力從對方的言行，轉移到自己腳底的感覺，你就能將嫉妒電流導出體外，不必再因為掙扎於「憤怒和反省」之間而感到痛苦。

這麼一來，你就能做到以自我為中心。

如果有人覺得「就算這麼說，我也不可能說做到就做到」，可以私底下想像面對著「對自己口出惡言的人」，練習把注意力放在腳底的感覺。

找一個你覺得「自己該不會對他做了不對的事？」的對象，想像跟對方對話的場面。然後，把注意力放在腳底，感覺就像它們穿透鞋子直接踩在地面一樣。

這時候，你會發現自己好像沒有那麼自責了……

透過不斷反覆練習體會，到最後，即便你穿著鞋子或拖鞋，也能輕易將電流透過腳底導流至地面，不再把他人的嫉妒放在心上。

在電車上時也是一樣，一旦你懷疑自己是不是做錯了什麼，就試著練習將電流導出。

在其他場合中，面對嫉妒發作的人時，只要你把這股電流導流至地面，不把對方的嫉妒放在心上，就能抑制自己和對方的發作情況，並恢復「以自我為中心」的狀態。

這種作法在心理學上，稱為「系統減敏感法」（systematic desensitization，由約瑟夫・沃爾普〔Joseph Wolpe〕提出）。

將受到「嫉妒」而引發的恐慌，透過反覆「想像模擬，把注意力放在腳底的感覺，放鬆心情」，以「放輕鬆」來制約嫉妒。

之後，每當你感受到對方的嫉妒時，自然就能透過專注「腳底的感覺」，達到放輕鬆的效果，能夠冷靜地看待對方的言行，不會再變得大腦一片空白。

強化自己的「吸引力」，使討厭的人遠離

每個人一定都有「不喜歡、討厭的人」。

不過對「好人」來說，會莫名地告訴自己：「不可以把對方當成不喜歡或討厭的人看待。」

身為「好人」，他們相信「人心都是美麗的」，因此會誤以為把對方當成「不喜歡、討厭的人」的念頭，是自己內心的扭曲所造成。

他們會這麼認為，是因為覺得其他人都不討厭那個人，為什麼唯獨自己不喜歡對方？

「大家都可以正常生活，沒有什麼不喜歡或討厭的人，為什麼自己做不到？」

「好人」基於這種想法而認為：「說不定奇怪的是自己？」即便告訴他們：「其實每個人都有不喜歡或討厭的人。」他們也不會接受這個說法。

因為他們很清楚「一般人」和自己（「好人」）的差別。對「一般人」來說，愈是「以自我為中心」，「愈能吸引重要的人靠近，並使不重要的人遠離」。

然而，「好人」因為不是「以自我為中心」，吸引重要的人靠近的「吸引力」相對比較薄弱。

「吸引力小」，自然會被「吸引力大的人」（不喜歡、討厭的自我中心之人）所牽引。

只要做到「以自我為中心」，強化吸引力，就不會再被討厭的人牽著鼻子走，身邊只會有對自己而言重要的人。然而，「好人」做不到這一點，身邊才會被「討厭的人」包圍。

換句話說，「以自我為中心」可以讓你擺脫不喜歡或討厭的人，與對方保持適當的距離。如此一來，你就能擁有平靜的生活。

生活以自我為中心，落實「把自己的感受放在第一」，自然會發現自己的吸引力愈來愈強大。因為，「討厭的人不再靠近了！」「終於可以認識對自己有意義的人了！」

換言之，**一旦你覺得自己「擺脫不了討厭的人」，就要有自覺，知道自己「吸引重要的人靠近」的吸引力太薄弱。這時候，你只要慢慢把內心焦點放回自己的身上，強化吸引力就行了。**

隨著你將內心調整為「以自我為中心」，就會讓「不喜歡、討厭的人」漸漸遠離，肯定能吸引最重要的人靠近，找到平衡的世界。

別害怕表現出「討厭」

「好人」即使面對討厭的人，也不敢表現出「討厭」的態度。因為他們覺得無論面對任何人，一定都要當好人才行。

但是，由於他們無視於自己「討厭」的感受，導致大腦產生矛盾，結果造成「在討厭的人面前不知如何反應」。不僅如此，他還會「因為害怕而避免造成對方不開心」。

抱著「討厭」的感覺扮演「好人」，只會讓大腦電流因為矛盾而錯亂，變得不知如何應對，也擺脫不了這種苦惱。

有趣的是，只要你「強化自我吸引力」，「討厭的人自然不會靠近」。

各位可能會好奇該怎麼做，**其實非常簡單，就是告訴自己：「討厭就是討厭！」重視自己的感受。**

首先釐清自己究竟有多討厭？

假使真的很討厭，討厭到想讓對方消失的地步，就勇敢承認。

不要因為「為了工作」或「為了維持人際關係」等人情世故，試圖抹滅自己「討厭」的感受。

你可以大方承認：「我就是討厭！」

把這種態度表現出來。

如果你覺得過意不去，不妨換個想法告訴自己：「誰叫對方要把嫉妒的情緒丟給我！」

用這種方法重視自己「真的很討厭對方」的感受，焦點就會回到自己身上。

接下來不可思議的是，討厭的人竟然主動遠離了。

一旦你的內心轉為以自我中心，強化自我吸引力，對方反而會主動遠離，你只會吸引重要的人靠近，並建構出一個快樂的世界。

嫉妒他人，有助於察覺自己的全能感

「罪惡感」來自於「我什麼都做得到，而且能改變任何事」的「全能感」。

當你說出「我對於過去所做的事，抱有罪惡感」這種話，意思就是「我覺得自己能改變過去，即便那是不可能的」。例如，你對於自己因為嫉妒對方而處處刁難的行為，感到罪惡。

事實上，嫉妒是一種生物性的發作，無法自我控制。

但是，在「全能感」的作祟之下，你卻認為自己控制得了嫉妒的心情。而「罪惡感」就來自於此。

換個角度來說，「罪惡感」通常是發生在試圖控制自己無法控制的事物。

「罪惡感」愈深，表示「全能感」愈強烈，認為「無論任何事，自己一定要有能力去改變或控制才行」，所以相對地「罪惡感」也會加深。

換言之，「全能感」愈強烈，只會讓自己因為「罪惡感」而痛苦。之所以會這樣，答案很簡單，就是「因為沒有把焦點放在自己身上」。

既然不是「以自我為中心」，肯定就是「以他人為中心」了。這會造成世界扭曲，導致「全能感」愈來愈強烈，「罪惡感」也隨之加深。

觀賞體育賽事時，一般人常會對球員做出評論，例如：「為什麼那個時候他要那麼做！」這種心態就是「全能感」。

如果問他：「既然這麼說，換成是你，你做得到嗎？」他應該會告訴你：「當然做不到！」

這就是「好人」沒有把焦點放在自己身上，而是以他人為中心時會做的事。

他認為「自己應該可以改變情勢」而插手，最後因為失敗而感到「罪惡感」。

同樣的情況不斷地上演。

「好人」認為自己不過是謙虛地為他人著想，但事實上背後是「全能感爆表」，覺得自己「應該改變得了」，才會插手無法改變的事。

「好人」犯下的最大錯誤，就是以「自己必須謙虛地為他人而活」的念頭，不停地餵養全能感。但「全能感」愈強烈，只會給自己帶來「罪惡感」的痛苦，於是變得「更貶低自己、更謙虛」，最後成了惡性循環。

因此，**若要擺脫「全能感」，必須時時刻刻不停地反問自己：「我的感受是什麼？」**

一旦你感到「罪惡感」，立刻要知道是因為全能感變得更強烈的緣故，然後在心裡告訴自己：「要把焦點放在自己身上！」如此一來，扭曲的世界就能重新回到正軌，你會發現身邊「沒有必須控制任何事物的世界」。在那裡，「罪惡感」完全沒有存在的必要，你也終於能夠擁有自由輕鬆的生活。

釋放被壓抑的感受

「好人」為了顧及身邊他人的感受，會壓抑自己的感受，避免「自己的憤怒給對方帶來不愉快」。

他們誤以為，自己的負面感受，包括憤怒等，會使得身邊的人不開心。

但事實上，壓抑「憤怒」反而會使世界變得扭曲，導致自己在對方眼中成了「懦弱」、「沒用，不敢自我主張」的傻子而被看不起，被他人任意擺布利用也不會反抗，現實變得如惡夢一般。

對對方感到「氣憤」的「好人」，如果因為害怕自己的感受可能傷及對方而壓抑自己，等於把對方當成中心，世界就會扭曲。

發自內心的感受是屬於自己的，如果加以壓抑，就是「把對方當成自己的中心」。

無論何時或面對任何情況都一樣，只要沒有「以自我為中心」，世界就會扭曲，擺脫不了惡夢般的現實。

所以你必須透過「以自我為中心」，「重視自己的內在感受」。

當你感受到憤怒時，不一定要直接發洩，但必須老實承認：「我覺得很生氣。」重視自己的感受。

而且，**不要為自己承認憤怒之後的行為感到自責。**

憤怒等發自內心的感受，就跟「放屁」一樣，都是很自然的生理現象，不需要去控制它。姑且不論要不要在他人面前表現出來，你要做的就是坦然承認發自內心的一切。

這股感受會將「好人」的世界帶回正軌。

因為，憤怒會讓你跟討厭的人確實保持距離，還會讓你明白「自己的事情，自己處理」的道理，跟對方劃清界線。

就算你不瞭解感受的用意，只要把中心放在自己身上，它就會徹底地將你的世界變得順如己意。

這時，「好人」可能會覺得自己這麼做，對身邊的人過意不去。

不過，他慢慢就能體會到，以自我為中心的世界，就是對大家而言幸福的世界，也不會再感到過意不去了。

嘗試挑戰「因為害怕而不敢做的事」

「好人」最擔心的，就是「被討厭」。

他們非常害怕別人對自己生氣或失望，不把自己當一回事。一旦發生這些情況，對「好人」而言簡直就是「世界末日」，絕望地認為一切都無法挽救了。

他們為了避免這些情況發生，一心只在意他人的感受，戒慎恐懼地隨時為他人全心全意付出。

不過，在身邊的人看來，只會當他們是「懦弱」，完全看不出他們的膽怯。誰也沒有察覺，其實他們只是害怕被討厭。

「好人」也因為擔心著萬一自己的恐懼被看穿，會造成對方的失望和厭惡，所以變得更害怕。

帶著害怕的心情時時顧慮他人的感受，使得中心變成他人而不在自己身上，最後導致世界扭曲，「對方的態度愈來愈差」的惡夢就成了現實。

「好人」最大的問題，在於他們的世界是扭曲的，即便追求「大家的幸福」，也永遠盼不到那一天。等在他們眼前的是：無論自己再怎麼努力，大家只會離幸福愈來愈遠的現實。

雖說只要把中心放在自己身上，就能實現「大家的幸福」，但「好人」一直以來只懂得考慮「他人的感受」，根本就不知道該怎麼做才對。

當你因為害怕被討厭而無法把中心放在自己身上時，應該做的就是試著挑戰那些「因為害怕而不敢做的事」。

「好人」之所以會害怕到不敢去做，是因為下意識地認為「萬一我這麼做，一定會被嫉妒而受到排擠」。

這種「被嫉妒而受到排擠」的念頭，會讓「好人」踩煞車，使得他們因為「害怕」而猶豫不決。

換言之，只要找出自己「因為害怕而不敢做的事」，大膽去嘗試，就能把中心轉移到自己身上。

有個女子覺得「上健身房」很可怕，遲遲不敢嘗試。

她覺得這是因為自己不敢到陌生人太多的地方。

不過後來，隨著她上健身房鍛鍊身體之後，身邊的人突然注意到她的改變：「妳瘦好多喔！怎麼了嗎？」

她被這麼一問，頓時腦筋一片空白，擔心著：「自己是不是對身體做了什麼不好的事？」但隨即察覺到其實是大家在嫉妒她。

她知道「被嫉妒就表示自己還沒做到以自我為中心」，於是繼續保持上健身房的習慣。到最後，身邊的人受到女子的影響，很自然地也開始上健身房，大家都變得更健康了。

看到身邊的人因為自己散發健康的光彩，連帶也受到影響，變得愈來愈健康，女子終於體會到自己的願望成真了。

另一個男子因為害怕說英語，始終不敢嘗試。他意識到這一點，於是鼓起勇氣報名過去不敢參加的英語教室課程。

嘗試之後，他漸漸覺得學英語很開心，開始期待每一次的英語課。

對此，男子的太太只是冷冷地說：「學英語根本只是浪費錢吧？」這番話讓他開始擔心自己是不是做錯了？不過他告訴自己：「這只是嫉妒！」繼續堅持上英語課。後來，在不知不覺中，太太竟然也開始熱中聽廣播學英語。

她甚至還邀男子一起出國旅行。

過去看起來很小氣的太太，竟然主動提議要出國旅行，而且還像個導遊一樣事事做好安排。這一切讓他覺得難以置信。

這都是因為，「挑戰因為害怕而不敢做的事」不僅可以把中心放回自己身上，還能認清他人的嫉妒，為身邊帶來幸福。

給總是為他人的幸福著想的你

「貼心的好人」的優點，或許就是「誠心祈求他人的幸福」吧。

因為希望他人得到幸福，過於認真地在意他人的感受，造成世界的中心總是放在自己以外的他人身上，導致世界變得扭曲。

到最後，「大家離幸福愈來愈遠」，這與「好人」期望的完全相反。於是，「好人」只好更犧牲自己，繼續為他人付出。

然而，這只會加速世界的扭曲，給對方帶來不幸，陷入惡性循環中。

若要使「好人」的優點——「誠心祈求他人的幸福」——發揮正面效應，只要「以自我為中心」就行了。

改掉顧慮他人的感受而行動的習慣，好好重視自己的感受。

面對任何發自內心的感受，坦然地承認並接受，而不是試圖壓抑。

無論任何時候，都要為自己加油，就像過去對他人伸出援手一樣守護自己，而不是自責。

在學習重視自己的過程中，就算感受到他人的嫉妒電流，或是心生恐懼，或是出現否定自己的念頭，但為了「大家的幸福」的目標，也要持續堅持做到「以自我為中心」。

在這個過程中，大家或許會對「好人」的行為無法諒解。

當你為了「以自我為中心」而挑戰「因為害怕而不敢做的事」時，會發現「世界漸漸回到正軌」。

討厭的人離你而去，相反的，對你而言重要的人開始主動接近，使你感受到共同存在的喜悅。

就連那些離你而去的討厭的人，也會在離開之後，獲得幸福的人生。

「好人」總是祈求著大家的幸福，不願見到任何人的不幸。只不過，他人的幸福並不是「好人」可以提供的東西，而是當「好人」懂得為自己而活時，自然發生的結果。

當你放下為他人的幸福付出努力，想辦法讓自己幸福時，一切的循環會隨之逆轉，帶領每個人一步步走向幸福之路。

唯一的小問題是，當大家都得到幸福時，「好人」會嚐到一股「不甘心」的嫉妒感。

不過，這股嫉妒感的對象其實是自己。

因為自己的幸福，給大家帶來了這麼大的幸福。

所以，「好人」在嫉妒自己的這項優點的同時，也一步步走向讓自己更嫉妒的人生。

隨時以自我為中心，守護著大家的幸福。

不是你犯小人，而是你太想當好人——不要讓當好人成為你的壞習慣

原書名：好人只會越當越委屈，不要讓當好人成為你的壞習慣

「ひとりで頑張る自分」を休ませる本

作　　者——大嶋信賴
譯　　者——賴郁婷
封面設計——張巖
內文設計——劉好音
特約編輯——洪禎璐
責任編輯——劉文駿
行銷業務——王綬晨、邱紹溢、劉文雅
行銷企劃——黃羿潔
副總編輯——張海靜
總 編 輯——王思迅
發 行 人——蘇拾平
出　　版——如果出版
發　　行——大雁出版基地
地　　址——231030 新北市新店區北新路三段 207-3 號 5 樓
電　　話——（02）8913-1005
傳　　真——（02）8913-1056
讀者傳真服務—（02）8913-1056
讀者服務 E-mail— andbooks@andbooks.com.tw
劃撥帳號 19983379
戶　　名 大雁文化事業股份有限公司
出版日期 2024 年 6 月 再版
定　　價 330 元
ISBN 978-626-7334-86-7

國家圖書館出版品預行編目資料

不是你犯小人，而是你太想當好人——不要讓當好人成為你的壞習慣／大嶋信賴著；賴郁婷譯. – 再版. – 新北市：如果出版：大雁出版基地發行, 2024. 06
面；公分
譯自：「ひとりで頑張る自分」を休ませる本
ISBN 978-626-7334-86-7（平裝）

1. 人際關係 2. 自我實現

177.3　　113006090

如果